# 一本书读懂企业融资

许小恒 田斌 ◎ 著

中华工商联合出版社

## 图书在版编目（CIP）数据

一本书读懂企业融资 / 许小恒，田斌著. -- 北京：中华工商联合出版社，2022.9
ISBN 978-7-5158-3529-7

Ⅰ.①一… Ⅱ.①许… ②田… Ⅲ.①中小企业－企业融资－研究－中国 Ⅳ.①F279.243

中国版本图书馆CIP数据核字（2022）第140602号

---

一本书读懂企业融资

| 作　　者 | 许小恒　田斌 |
|---|---|
| 出 品 人 | 李　梁 |
| 图 书 策 划 | 蓝色畅想 |
| 责 任 编 辑 | 吴建新 |
| 装 帧 设 计 | 胡椒书衣 |
| 责 任 审 读 | 郭敬梅 |
| 责 任 印 制 | 迈致红 |
| 出 版 发 行 | 中华工商联合出版社有限责任公司 |
| 印　　刷 | 北京市兆成印刷有限责任公司 |
| 版　　次 | 2022年9月第1版 |
| 印　　次 | 2022年9月第1次印刷 |
| 开　　本 | 710mm×1000mm　1/16 |
| 字　　数 | 190千字 |
| 印　　张 | 13.75 |
| 书　　号 | ISBN 978-7-5158-3529-7 |
| 定　　价 | 56.00元 |

---

服务热线：010-58301130-0（前台）
销售热线：010-58302977（网店部）
　　　　　010-58302166（门店部）
　　　　　010-58302837（馆配部、新媒体部）
　　　　　010-58302813（团购部）
地址邮编：北京市西城区西环广场A座
　　　　　19-20层，100044
http://www.chgscbs.cn
投稿热线：010-58302907（总编室）
投稿邮箱：1621239583@qq.com

工商联版图书
**版权所有　盗版必究**

凡本社图书出现印装质量问题，请与印务部联系。
联系电话：010-58302915

# 序

据《财富》杂志报道，我国中小企业的平均存活时间只有2.5年，存活5~10年的企业不到7%。2021年由于新冠肺炎疫情的影响，预计比例将下滑至3%。2014年，《公司法》将注册资本实缴制改为认缴制。企业注册变容易了，相对来说，倒闭也更容易。我国很多企业在成立之初就存在很多隐患，预示了未来将会失败，这是多么可怕的事情。

新冠肺炎疫情到来时，我们所有人将共同承压，每一个人都将同处疫情之下，那么，民营企业应该如何破局？

我和田斌老师从事投融资培训多年，并有着十余年的实战经验。在这期间，辅导、投资、培训的企业达上万家之多，足迹遍布祖国大江南北。在服务民营企业的道路上，我们从未停止过脚步，不仅深深懂得民营企业的不易，更深感民营企业管理者的艰辛。没有调查就没有发言权，总体来看，由于民营小微企业多处于产业链末端，经营风险相对较大。从优化市场资源配置的角度看，融资收益必须要覆盖资金和业务成本，符合风险溢价，才能使融资业务变得商业可持续。

2018年11月，习总书记在民营企业座谈会上指出："要优先解决民营企业特别是中小企业融资难甚至融不到资的问题，同时逐步降低融资成本。"2019年12月,中共中央、国务院印发《关于营造更好发展环境支持民营企业改革发展的意见》,从优化银行服务体系、完善直接融资制度、健全征信体系等方面对破解民营和小微企业融资难题进行部署。

数据显示,截至2018年年底,我国共有中小微企业1807万家,占全部企业法人的99.8%。其中,中型企业23.9万家,小型企业239.2万家,微型企业1543.9万家。截至2022年5月23日,在A股上市的企业只有4540家。算一算比例我们就知道,上市率只有万分之二左右。这意味着什么?意味着中国99.9%的企业很难得到资本市场的支持。它们虽然为"草根"企业,但是却深深地扎根于市场竞争中,中小微企业已经成为经济活力的重要源泉、创业就业的重要承载、技术创新的重要驱动者、国家税收的重要贡献者,值得我们点一个大大的赞。我国经济发展能够取得如此巨大的成就,中小微企业功不可没。目前,民营经济创造了我国60%以上的GDP,缴纳了50%以上的税收,贡献了70%以上的技术创新和新产品开发,提供了80%以上的就业岗位,85%的创新能力就蕴藏在这些中小微企业中。随着改革开放的不断深入和技术革新,民营企业已然成为高质量发展的主力军、改革开放的主动力、增加就业的主渠道。现在,民营企业已经成为我国经济持续健康发展以及税收增长的重要力量,完全可以构筑中国资本市场最坚实的塔基!

中小微企业融资难、融资贵主要体现在八个方面。

第一,部分大型民营企业体现为高杠杆下的融资难。在其非理性扩张、新项目掩盖旧项目等问题突出,经济上行期尚能周转,一旦外部环境发生变化就会陷入财务困境。"抽贷""断贷"导致其资金链断裂,出现流动性问题。

第二,部分中小企业因经营困难融资难。在国内经济增长速度放缓、经济发展方式转型、国际贸易摩擦等经济大环境影响下,部分中小企业销售额大幅下滑、利润不足，银行根据其经营状况和风险程度，往往难以追加贷款，甚至需压缩贷款额度。

第三，部分企业面临市场出清融资难。一部分过剩产能、落后生产力面临市场出清，不符合银行信贷投向的趋势和原则。

第四，小微企业"担保"难。相当一部分小微企业因无房地产等可抵押物或证照不齐，无法作为合格抵押物获得银行融资。

第五，短贷长用，企业转贷难。一些小微企业存在建设厂房、购置设备扩大再生产等中长期融资需求，但银行相应的融资产品相对匮乏，或者虽有产品但准入条件较高，供需矛盾形成短贷长用现象。此外，受经济下行影响，部分大型企业也出现资金周转减速的情况，延长了占用交易链上小微企业货款的时间，一定程度上加剧了小微企业的资金困难。

第六，小微信贷业务经营成本普遍较高，银行资金成本与实际经营风险不匹配。从管理成本来看，由于小微民营企业普遍存在经营不规范、财务不透明、信用记录缺失等问题，银行获取和验证相关信息的管理成本较高。

第七，部分银行工作人员对前期出现的小微企业不良贷款心存芥蒂，业务拓展难。商业银行一些信贷从业人员因为前些年受小微企业贷款不良问责处罚的比例较大，一定程度上患上了"恐贷症""惧贷症"，拓展民营企业业务的动力不足。

第八，中小民营企业大小项目的建设主要依靠信贷融资。企业管理者寻找资金时首先想到的就是银行，但是银行的要求过高，很难实现融资的目的。

目前我国的风险投资市场不活跃、私募基金规模小、债券市场也不够成熟，因此间接融资仍是企业投资的主要资金来源。那么，在这种情况下，企业想要发展又得不到资本市场的支持，应该怎么办呢？

望洋兴叹，坐失良机；或者万般无奈，踏入泥壤。

"泥壤"即高利贷、非法集资。民间借贷就是在这种需求中兴起的，绕开法律和规章制度，在近乎"丛林"的小环境里，演变成惊心动魄的投融资博弈。

比较有代表性的"e租宝"上线一年左右，"钰诚系"相关犯罪嫌疑人以高额利息为诱饵，虚构融资租赁项目，持续采用借新还旧、自我担保等方式大量非法吸收公众资金500余亿元，涉及投资人约90万名。

在这样的情况下，我和田斌老师萌生出共同的想法，能不能写一本民营企业管理者能够读懂的融资方面的书？如何用通俗易懂的语言指导民营企业管理者正确地融资？融资是把双刃剑，用得好可以使企业规模快速扩充数十倍，用得不好可能会使企业处于岌岌可危的境地。但是从长远来看，企业需要提前了解一些融资的策略和防范陷阱的知识，以备不时之需。经过300多个日夜的筹备，《一本书读懂企业融资》终于和大家见面了！

提到融资，很多人都单纯地认为是不是找资金？其实这是片面的。融资，尤其是股权融资，本身是一个相对漫长的过程，股权融资有效地将创业者和投资人联系到一起，帮助创业者找到最合适的投资人，帮助投资人找到最有潜力的项目方。如今，通过互联网这个媒介，解决了投融资双方信息不对称的问题，但是并不是所有的股权融资都能顺利对接到资金。从众多融资案例来看，在导致融资不成功的原因中，80%以上是创始人在融资前没有按照既定的顺序操作。

融资也讲究"顺序"，顺序对了，融资就会比较顺利。那么，所谓的"顺序"到底是什么？

**一、股权融资第一步：融人**

企业融资往往需要有好的项目，有了好的项目之后资金可以通过贷款、风险投资、企业上市等途径来解决。那么，企业"融人"又靠什么呢？通过哪些途径呢？

企业"融人"，主要靠四点。

第一，靠先进、科学的企业理念、普遍为大家所接受的价值观和良好的企业文化。如果企业不能真正树立起尊重科学、尊重人才的理念，那么根本无法吸引人才。

第二，靠企业管理者或企业领导者的人格魅力。企业管理者或企业领导者有魄力、有能力、有人格魅力，自然就有凝聚力和号召力，可以凭借凝聚力和号召力吸引人才，并与人才建立起感情，将他们凝聚在一起。

第三，靠提高待遇和良好的工作条件。谁能提供较高的待遇和较好的工作条件，人才就选择谁，这是再正常不过的道理。

第四，靠事业和激励机制。企业有科学的激励机制，人才才会对自己的前途有预知、有规划，才会有事业心，才能将企业的发展与个人的事业发展结合起来。

**二、股权融资第二步：融资**

融资，顾名思义融的是"资"，因此要凭借一定的战略来寻求资本。并不是只有缺少资金的企业才需要进行股权融资，"融资"融的是资金背后所有的资源，如品牌、人才、技术平台、影响力、口碑等。实际上，企业缺少的资源，可以通过融资的方式将其引入企业中。我们融资所融的不仅仅是资金，更重要的是资源。

### 三、股权融资第三步：融钱

股权融资的最终目的就是"钱"，创业者融资需要把握四个字——快、稳、准、多。投融资行业竞争十分激烈，每天都有很多企业争先恐后地争抢同一块"蛋糕"，但是只有很少的企业能顺利融资。融资只有快人一步，才能把握行业先机。

### 四、股权融资第四步：融智

萧伯纳说过："你有一个苹果，我有一个苹果，我们彼此交换，每人还是一个苹果；你有一种思想，我有一种思想，我们彼此交换，每人可以拥有两种思想。"

股权融资也是一个"融智"的过程，是一个"智慧相通"的过程，只有对理念的认同，对价值观的认可，对经营之道和策略的共识，才能充分放大资本和资源的价值。只有把投资方的智慧与企业内在的智力优势整合，才能确保在同一方向上走得更远。很多投资方与企业很容易对未来的大方向达成一致，但是在具体运作上却容易出现分歧，这往往会延缓成功的速度。因此，把握智慧相融的成本和方向，企业才能走得更远。

在融资这条道路上，我们要不断创新，无论是创业者的商业计划书撰写，还是项目方和投资方参与路演的活动形式，甚至信息对接服务中的各个环节，都要不断更新，不断创新。我们还需要与时俱进，武装自己的头脑，跟上时代的节奏，这样才能更快、更早地实现我们的人生理想。

许小恒

2022年5月23日

# 前　言

"融资做不好，企业做不大"。融资做不好，企业很难有好的未来。无论对于初创企业还是成熟企业来说，融资都是至关重要的。因为资金是企业经济活动的第一推动力，也是企业发展壮大的持续推动力。而融资就是企业通过增量或存量的方式来筹措资金，以满足企业生产经营与发展的需求。

融资前，我们需要找到资本的逻辑，明确资本会欢迎哪些项目，又会讨厌哪些项目，据此做好准备，与投资人进行良好的谈判，说服对方向自己投资。这看似简单，然而其中过程却复杂又艰难。事实上，融资难、融资贵是近些年企业在发展中遇到的最大障碍，尤其对于初创企业、中小微企业来说更是如此。

我们需要确定融资的时机，借助最佳时机来推行自己的融资计划。什么是最佳时机？很多企业管理者往往会说"当然是缺钱时融资了"。但是如果企业真的有这种想法，那么对企业的发展来说非常危险。没错，企业融资是为了解决资金需求，但是不能等到资金不足、资金链快要断裂时再去找投资人。马云曾经说过这样一句话："一定要在你不缺钱的时候去融资。"企业缺少资金时，项目发展受限，业绩下滑，甚至经营困难重重，又如何让投资人有信心、愿意投入资金呢？可是如果我们能够未雨绸缪，结果就不一样了。企业在自有资金充足的情况下，可以促进项目稳健发展，那么融资之后，项目便可以更高速地生长，从量的扩张转变为质的飞跃。同时，融资可以提升资金的杠杆效应，用别人的钱来扩充自己的资本，并且促使资本的边际效益充分发挥出来。

当然，为了让融资更高效，我们需要了解商业计划书的重要性，既能够完美地展示自己，又能够吸引投资方的注意力。我们需要了解企业的发展阶段以及所对应的融资阶段——从天使轮、A轮、B轮、C轮到首次公开募股等。处于天使轮阶段的企业，有初创团队和初步的商业模式，并且各项数据都呈现增长趋势，这个时候便需要寻找适合自己的"天使"，同时也要警惕潜藏的"恶魔"。A轮一般是企业的第一轮融资，对于企业非常重要。此时，企业有成熟的产品、完整的商业及盈利模式，而且在行业内有一定的竞争力，自然能够吸引风险投资机构的关注与青睐，紧接着在短时间完成几轮融资，直到上市。

企业还可以向银行等金融机构融资，也可进行民间融资。但无论选择哪一种融资渠道，我们都需要考虑股权设计、融资成本、融资风险以及融资内部控制等问题，少走一些弯路。

如果想要了解更详尽的企业融资知识，借鉴融资成功的案例，那么就请您阅读本书。本书内容全面，详细地介绍了融资前的准备、天使投资、风险投资、银行融资、民间融资、股权投资基金等融资方式，以及融资过程中可能遇到的问题、所需掌握的技巧等，目的是让所有读者能够深入了解融资知识，提升融资管理技能。在本书中，无论是初创企业、成长型企业还是成熟企业都可以找到适合自己的融资方式与融资方法。

# 目 录

序 / 1

前 言 / 1

第一章 资本更倾向谁?

    第一节 找到蓝海,资本愿意帮你走得更远 / 2

    第二节 马太效应——拥有者会获得更多 / 5

    第三节 能证明价值的不是朋友而是敌人 / 9

    第四节 商业领域不仅有冲突与博弈 / 13

    第五节 没有野心与计划就没有未来 / 17

    第六节 团队不稳定,融资准泡汤 / 20

第二章 收拾好屋子再迎客——融资前要做什么?

    第一节 唇枪舌剑,谈判场上见真章 / 26

    第二节 做好减法,轻装出发 / 30

    第三节 应对审查,让大家都放心 / 34

    第四节 分好蛋糕和做好蛋糕一样重要 / 38

    第五节 打扫屋子最重要的一步——整理好财务 / 42

    第六节 心理准备必须要做好 / 47

## 第三章 商业计划书——感动自己一钱不值，说服对方才是王道

第一节 正式介绍——你到底是谁？/ 54

第二节 能赚多少钱比什么都重要 / 60

第三节 天下无不散的宴席，融资也一样 / 63

第四节 好内容也需要点缀 / 66

第五节 逻辑与框架——吸引投资方目光 / 70

第六节 计划写得好，误区要规避 / 74

## 第四章 天使投资——所有"恶魔"，都曾是"天使"

第一节 天使，也分亲疏远近 / 80

第二节 寻找陌生的"天使"/ 84

第三节 最后的办法——通过展示自己寻求融资 / 89

第四节 所有"恶魔"，都曾是"天使"/ 94

第五节 对赌——可能不是双赢，而是单输 / 100

第六节 天使轮应该拿出多少股权？/ 103

第五章　风险投资——资本不怕风险，就怕你无法承担风险

　　第一节　在面对风险前，先了解风险 / 108

　　第二节　风险投资，冒风险的并非只有投资方 / 112

　　第三节　承担风险，要从信任开始 / 116

　　第四节　哪种团队更受风险投资人欢迎？ / 122

　　第五节　避开头部市场竞争，才有可能说服风险投资人 / 126

　　第六节　想从风险投资中得到多少资金？ / 129

第六章　银行融资——远在天边，近在眼前

　　第一节　银行融资究竟好在哪里？ / 134

　　第二节　银行融资，并不仅仅是向银行融资 / 138

　　第三节　银行融资远在天边，近在眼前 / 143

　　第四节　展示给银行的财务报表应该怎样做？ / 147

　　第五节　小微企业要学会与银行打交道 / 151

　　第六节　还款计划也需巧设计 / 154

## 第七章　民间融资——"路子越野，心越要正"

第一节　民间融资不是灰色地带 / 160

第二节　民间融资的主要方式 / 164

第三节　民间借贷——最基础的融资方式 / 167

第四节　员工持股计划——融资与股权激励的双赢 / 171

第五节　第三方信贷服务平台的各种"套路" / 174

第六节　警惕首次公开募股的红线　/ 177

## 第八章　股权投资基金——不一样的"民间"融资

第一节　股权投资基金并不是民间借贷 / 184

第二节　股权投资基金分类　/ 186

第三节　企业如何选择私募股权投资基金？/ 189

第四节　股权设计的核心问题 / 192

第五节　谈判有重点，成功率才能大大提升 / 198

第六节　"PE+ 上市公司"模式，是馅饼还是陷阱？/ 202

# 第一章

## 资本更倾向谁？

## 第一节　找到蓝海，资本愿意帮你走得更远

"蓝海"是一个经济学名词，是指尚未被挖掘、拥有更广阔的发展空间和更多选择的市场。想要找到蓝海，不仅需要大量的思考、查证，还需要有眼光、思维与运气。寻找蓝海就如同在大航海时代寻找新大陆，找到新大陆固然伟大，但这并不代表就能获得成功。

因为这片大陆，虽然空间广袤，但却是一块不毛之地。从开拓到盈利，需要勤奋努力，更需要大量的前期投入。换句话说，企业管理者要有冒险精神和足够好的运气，还要有技术和思想，只是缺少资本。这时，就是资本该入场的时候了。

对于资本来说，没什么比蓝海更能让其兴奋了。蓝海中几乎没有竞争对手，作为最先入场的人，潜力是无限的，没有天花板，也没有上限。只需要少量的投入，就有可能达成滚雪球效应。一个小小的雪球，在空无一人的地面上滚动，会变得越来越大，变大的速度也会越来越快。用不了多长时间，就能够获得数量惊人的收益。

目前阿里巴巴的市值接近4000亿美元，位列全球互联网企业前十名。这样的成功令人侧目，更令人羡慕。都说好的开始是成功的一半，虽然马

云常说自己在创业初期遇到了很多困难和冷遇,但实际上阿里巴巴的第一笔融资就高达500万美元,投资方是著名的投资银行高盛集团,这是许多企业难以企及的。那么,阿里巴巴凭什么赢得高盛集团的青睐呢?主要原因是阿里巴巴找到了一片蓝海。

当时正处于马云第三次创业,我国的外汇政策发生了极大变化,进出口贸易开始蓬勃发展,而传统的贸易方式并不能满足日益扩大的市场需求。阿里巴巴的横空出世,正是瞄准了这一时机。

另外,当时中国互联网刚刚兴起,一旦在国内市场站稳脚跟,必然会有庞大的用户群体,有庞大的市场可以挖掘。国外许多投资方把目光转向中国的互联网企业,新浪、搜狐等门户网站都是获益对象。而阿里巴巴作为走进全新领域的互联网企业,自然也得到资本的关注。

1999年10月底,高盛联合其他几家投资机构向阿里巴巴注资500万美元。到2000年年初,软银又联合其他投资机构向阿里巴巴注资2500万美元。阿里巴巴的起点之高,令人咋舌。至于投资方软银,更是赚得盆满钵满。软银投资了2000万美元,得到阿里巴巴29.5%的股份。到2019年,这些股份已经价值超过千亿美元。

所以,无论是创业者还是投资人都希望自己能找到一片蓝海,但世界上哪有那么多蓝海呢?更多时候企业只是在自己熟悉的领域,发掘一些新奇的想法、创意、技术来创业。想要凭借蓝海吸引资本,我们就需要想办法突出项目的广表市场前景。

市场是否广阔,其实是由很多方面决定的,用户群体就是其中最关键的因素。许多市场看似已经饱和,但如果继续细分,还能挖掘出更多的空间,甚至能在其中找到一片蓝海。

新一代智能手机已经成人们生活中离不开的工具，但智能手机呈现出百花齐放的格局，距离我们并不太远。2008年，第一款安卓手机HTC G1的出现，让智能手机分成iOS和安卓两大阵营。2010到2012年，越来越多的智能手机品牌出现，市场逐渐从蓝海转变成红海。然而到了2013年，一个手机品牌异军突起，成功地在红海中找到了一片蓝海，这个品牌就是美图。

最初的智能手机用户是追求更多功能的商务人士和热爱高科技的年轻人，因此手机的功能更倾向于商务和新技术。手机的外观设计千篇一律，颜色以白色、黑色、灰色为主。而美图手机把目光投向了其他手机制造商没有足够重视到领域，那就是年轻女性群体。

强大的自拍美颜功能、鲜艳的配色、精心的设计，这些特质让美图手机赢得了年轻女性的喜爱。很快，它就成为手机领域里一匹令人惊艳的"黑马"。虽然后期因为越来越多资本更雄厚、技术更强的企业入场，美图必须迎接竞争者的挑战，市场份额逐渐下降，但毫无疑问，美图的开始是成功的。

不同地区，也是我们寻找蓝海的重要方向。互联网时代让人们的距离越来越近，很多商品不再受地域的限制，人们总是能够通过网络购物找到更物美价廉的商品。但并不是所有商品都具有这一属性，一些商品拥有深厚的潜力和美好的前景，却因为种种限制无法扩张到更多地区。但是我们如果能学习其他企业的模式，根据地区差异进行改良，自然就能找到自己的蓝海。

茶颜悦色是新兴茶饮中最出名的品牌之一，一度成为网红打卡地、年轻人追捧的"最爱"，然而看似形势大好的茶颜悦色在走出长沙、进入深圳时却遭遇了滑铁卢。因为地区文化的差异，茶颜悦色难以像在长沙一样获得爆炸式成功。

  但是，茶颜悦色的成功模式给了其他创业者一个启示——做地域性茶饮品牌，也是大有前途的。各地都有自己独特的茶文化，只要按照茶颜悦色的模式加以改进，大概率可以获得成功。所以，沪上阿姨、伏见桃山、霸王茶姬等地域性茶饮品牌先后兴起，并且因为大好前景得到资本青睐，融资后，成为一方茶饮"霸主"。

  可以说，资本最喜欢的是蓝海。找到蓝海，企业就能更容易得到融资。即使企业所在领域市场趋于饱和，也可以找到某些因素来进行包装，让项目看起来更靠近蓝海，这样才能大大提升融资的成功率，让企业走得更远。

## 第二节　马太效应——拥有者会获得更多

  《新约·马太福音》中有这样一段话，"凡有的，还要加倍给他，让他多余；没有的，连他仅有的也要夺过来"。看似很不公平、不合理的一段话，却在社会心理学、教育、科学以及金融领域中广泛应用。

  在有些国家，富有的人，会变得越来越富有；而贫穷的人，则会变得越来越贫穷。马太效应表现在投资方面，则有了更多指导意义。我们可以从四个方面来理解马太效应，如图1-1所示。通过这四个方面，看看资本究竟更喜欢谁。

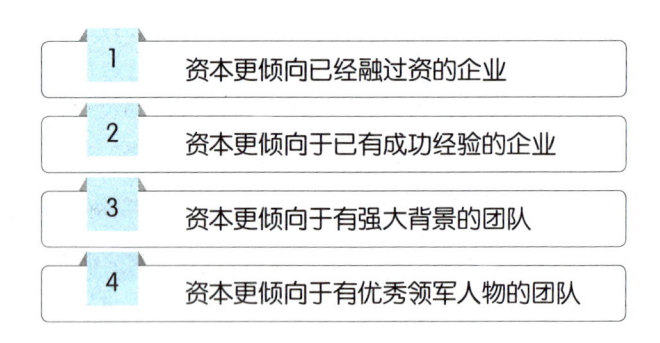

| 1 | 资本更倾向已经融过资的企业 |
| 2 | 资本更倾向于已有成功经验的企业 |
| 3 | 资本更倾向于有强大背景的团队 |
| 4 | 资本更倾向于有优秀领军人物的团队 |

图 1-1　四个方面理解马太效应

第一，资本更倾向已经融过资的企业。

企业已经完成一轮或几轮融资，说明在起步、发展阶段已经获得过其他投资方的认可，并且度过了最艰难的阶段。投资这样的企业，与其他投资方一起承担风险，安全系数显然比那些还没有获得过融资的企业更高。

而从企业的角度来说，万事开头难，融资也是如此。所以，在最初融资时千万不要因为对方提供的资金太少而拒绝。只要分配合理，不妨将其当作"鱼饵"，一边扩大经营，一边吸引更强大的资本。很多企业的第一笔融资高达数百万美元，甚至千万美元，然而这在众多需要融资的企业中只是凤毛麟角，一些企业融到的第一笔资金通常只有几十万美元。事实上，这并不妨碍这些企业之后取得成功。

Facebook是世界上最成功的社交网络平台之一，改变了人们在互联网时代的社交方式。世界各地都有不少效仿Facebook的社交媒体网站，他们也都曾经风光无限。但这些模仿者都没能超越Facebook，至今没有哪一家公司能撼动它的行业头部位置。而Facebook得到的第一笔投资只有50万美元。

这50万美元来自于经营另一家社交平台"领英"的雷德·霍夫曼和他的朋友彼得·泰尔，霍夫曼敏锐地发现Facebook拥有巨大的潜力，预测其用户数量将会在短期内飞速增加。然而此时Facebook的服务器已经濒临饱和，根本没有办法承受更多的用户数量。于是，他及时投资50万美元，为Facebook注入了一针强心剂。

事实果然如霍夫曼所料，Facebook用户增长异常迅速，从当年秋天到年底，短短几个月，用户数量就暴增到100万。

第一次融资，Facebook的估值是500万美元，霍夫曼投资50万万美元，换取10%的股份。而第二次融资，Facebook的估值是1亿美元。可见，这50万美元融资对Facebook多么重要。

第二，资本更倾向于已有成功经验的企业。

投资，作为一种追求回报的经济活动，具有一定的风险性。趋利避害是人类的本能，更是资本的本能。拥有成功经验的团队，往往要比那些毫无经验的团队更容易获得成功。

那么，有成功经验的团队，在接下来的创业中，就一定更容易获得成功吗？其实并非如此。如果一个团队在上一次创业获得了成功，即使是在不同的领域里，也有可以循环使用的资源和可以借鉴的经验。但是，从另外一个角度来看，上一次成功的经验也会成为一种障碍。面对不同的市场、不同的群体，在不同的时间、地点，如果继续使用同样的思维与处理方法往往会导致截然不同的结果。如果我们不经考证，就把过去的成功经验执行下去，得到的结果很可能是失败。

因此，即使我们缺少成功的经验，也不代表在融资中一定没有优势。有时，空白的纸上更容易作画，空白的土地更容易规划。如果我们面对的是一个全新的领域、全新的用户群体，反而能更快建立起自己的一套模式。

一个相对成熟的团队，会形成某种固定的行为模式，面对新的事物，也许并不能在第一时间做出恰当的对策。而没有成功经验的团队，虽然没有形成一套行为模式，却有相当高的灵活性，甚至在某些情况下，可以根据投资方的意见而进行合理调整。

第三，资本更倾向于有强大背景的团队。

背景也是资本投资时需要考虑的因素。有些团队并不是独立存在的，在他们背后还有更大的团队、更强有力的企业。这样的团队所主持的项目，资本会非常喜欢。

每个强大的团队旗下会有许许多多的小团队，每个团队都有自己负责的项目。这些项目并不一定都能脱颖而出，往往在萌芽阶段就因为各种因素而被淘汰。相反的是，那些能被人们所熟知的项目，一定有可以被称道的优势。

资本更倾向于有强大背景支撑的团队，因为这样的项目自带话题性和关注度，在营销时有先天性优势。即使最后没有成功，也能与其背后的强大团队有良好的往来。

可以说，有背景的小团队，就好像是"出身不凡"的孩子。在他们遇到困难时，背后的"家庭"往往不会袖手旁观，会给予资金、技术、管理等方面的支持与帮助。但是，凡事都有两面性，"背景"在给予其帮助的同时，也往往会干涉其运营。如果资本看好团队创意、概念等方面的内容，然而其背后力量也想要插手，那么投资风险就会加大，风向可能发生变化。

第四，资本更倾向于有优秀领军人物的团队。

一个团队能否成功，基因是非常重要的。而带来强大基因的，就是团队领军人物。团队领军人物决定了团队的个性、气质、运作方式等，如果团队领军人物在创建团队之前，就已经在某个领域里取得成功，那么项目成功的可能性也会大大提高。

苹果公司的成功离不开史蒂夫·乔布斯，他在或不在，苹果公司呈现出的状态截然不同。他在职时，苹果公司的各项工作都是简洁、高效、符合美学的。而他离开后，产品线一度出现混乱、平庸，险些倒闭。可见，一位好的团队领军人物能给团队带来多么重大的影响。

总之，资本更倾向于成功者和实力更强的团队。这就导致了有些团队投资者众多，可以慢慢挑选与自己合拍的投资人。而那些名声不显的团队，明明很有前景，却始终吸引不到投资方的青睐。所以，在融资之前，不妨为团队进行包装，让团队看起来更加有实力、更加光鲜亮丽。

## 第三节　能证明价值的不是朋友而是敌人

商场如战场，商业竞争来自各个方面，有时甚至来自我们完全想象不到的方向和角度。在企业刚刚起步，到处寻求融资时，同样会面对来自各方面的竞争——相同的行业、相似的项目、同样的客户群体，等等。但是，竞争带来的影响并不只是负面的，还有正面的，可以让我们更强大，能够证明自己的价值。

竞争中我们最需要关注的并不是那些已经成功多年的"庞然大物"，也不是那些与我们在同一领域的成功者。这些并不是我们的对手，而是我们学习的对象。事实上，创业过程中我们往往会刻意绕开对方所覆盖的市场，转而迅速占领对方"不屑一顾"或没有注意到的市场。这些都可以提前制订计划，经营难度相对较小。而我们最应该关注的，恰恰是那些与我们经营相似项目，却比我们早起步的同行。他们就像是我们的加强版，是我们最直接的竞争对手，甚至是敌人。

这种竞争带来的并不只有坏处。我们的竞争对手起步早，早一步进入资本的视野之中，因此会有更多的资本想要分一杯羹。而投资人多了，想要从中获取收益的难度也会越来越高。一旦获取收益时所需要付出的成本过高，资本就会寻找其他的投资对象。那么，作为紧随其后的团队——就会是下一个进入资本视野，进而得到资本青睐的对象。当然，这需要我们具有真正实力，可以为资本带来收益。

饿了么和美团是如今大家使用最多的外卖平台，双方竞争十分激烈，花样百出，在外卖市场平分秋色。饿了么的起步要比美团更早，但是美团后发制人，用了几年时间逐步赶上，在部分领域甚至实现超越。饿了么与美团的竞争，就很好地诠释了敌人更能证明你的价值。

饿了么早在2008年就已经创立，最初只是大学内部的外卖订餐平台，后来逐步发展成面向整个互联网的零售、送餐平台。2011年，饿了么在外卖市场上一枝独秀，被许多资本看好，顺利获得了100万美元的融资。2013年，饿了么App功能已基本完善，并且再次获得600万美元的融资。

从2008到2013年，短短五年的时间，饿了么已经形成了一套成熟的经营模式并且筹集到足够的发展资金。2013年年底，其他创业者以及互联网公司才发现外卖市场是一块巨大的蛋糕，纷纷开始涌入，其中就包括美团。

面对数量惊人的竞争者，饿了么融资的脚步加快了。2014年，饿了么拿到8000万美元的融资。如果只限于常规的平台经营，这些资金无疑是非常充足的。但此时外卖平台的竞争已经进入了"烧钱"阶段，给予用户大量补贴。8000万美元看似一笔巨额资金，但实际上支持不了多久。因此，2015年，饿了么再次融资3.5亿美元，同年8月又融资6.3亿美元。

饿了么的飞速发展让资本意识到，只要能在这场战争中获胜，就能获得巨大红利。如同电商平台一样，胜利的阿里巴巴成为难以撼动的互联网巨擘。于是，美团也受到资本青睐，资本不断涌入这一领域，其中包括红杉资本中国基金、腾讯资本、泛大西洋投资等。2014年年底，美团完成D轮融资，金额达到7亿美元，2017年10月完成F轮融资，金额高达40亿美元。

就这样，饿了么和美团不断获得来自各方的融资，然而其他外卖平台不是倒下就是被兼并。现在，很难想象美团刚刚起步时饿了么就已经是一个非常成熟的团队了。最终，美团凭借领先的技术和运营，逐步扩大市场，成为与饿了么并驾齐驱的强劲对手，甚至有超越的趋势。

事实上，类似的情况在商场上屡见不鲜，有些领域的竞争已经尘埃落定，趋于稳定。而有些领域的战火尚未熄灭，仍然在不断融资、扩张中，等待最终决出胜负的一刻。但是，无论是哪种情况，都不要畏惧前方不远处的敌人，因为他们比朋友更能证明你的价值。

敌人能证明我们的价值，而我们也可以利用这一点，刺激自己不断强大、强大、再强大，无论是融资、生产经营还是坚定创业信念。

敌人说明了我们方向的正确性，只要有人还在我们前面，就说明前面不是一条死路，是走得通的。我们甚至可以将他们视为行业的晴雨表或者指向标，他们越是成功，就说明这条道路是正确的，可以让我们沿着这个方向继续走下去。相反，如果敌人的发展陷入停滞，那就说明在某个十字路口他们选择了错误的方向。这时就是我们一举超过他们的时候。

在外卖平台大战之时，就曾发生过这样的情况。

百度作为底蕴强大的老牌互联网公司，因为其自带流量优势，很快就在外卖平台站稳了脚跟，还对美团、饿了么步步紧逼。2016年春节前后，百度外卖推出"花钱送骑手回家过年"活动，希望用这种暖心的举动为百度外卖进行宣传，提升企业形象。没想到，人们很快开始担心：骑手都放假了，春节期间想要叫外卖怎么办？美团马上意识到，这是战胜百度的一个机会。于是，美团选择反其道而行之，增加春节期间的骑手补贴，力求留住骑手，保证外卖平台的正常运营。同时，饿了么也跟上，制订了保证春节期间正常配送的措施。

就这样，在短短一个春节里，美团和饿了么抢占了第三大外卖平台百度的很多市场份额。春节结束后，他们还利用市场份额的增长，大量招募百度外卖的骑手，对百度外卖造成更大的冲击。

除此之外，敌人还能增加资本对我们的信心。未知的前景下，摸着石头过河是最危险的。而安全系数最高的，是踩着别人的脚印、"亦步亦趋"地前进。

敌人先走一步，固然有更多的收获，占据了更重要的地位。但是，在前路没有明朗的情况下，风险是不可忽视的。我们大可以沿着敌人走过的路前进，并且完全避开他们曾走过的弯路。

因此，不要因为前方有一个强大的对手就垂头丧气，甚至知难而退，放弃自己的目标与努力。前面有敌人，并非一件纯粹的坏事，尤其是当我们的敌人获得成功、看见曙光、获得融资时，往往说明我们距离这一切也不远了。

## 第四节 商业领域不仅有冲突与博弈

随着商业活动在社会中扮演越来越重要的角色，除法律外，契约也被用来约束人们的行为。在契约签订之前，双方会使用各种手段来为自己谋求更多利益，一旦契约形成，就必须要严格遵守。

融资作为一种商业活动，也难免会有合作、博弈、冲突、谋划等。比如，在谈判的过程中夸大自己的优点，让自己在谈判桌上获得优势，这已经成为一种常规手段。但是，我们需要明白一个道理，在商业领域不仅有冲突与博弈。无论我们多么想获得更多利益，占据更多优势，都需要保持诚信，不能因为短期利益而忽略长期利益。

2015年，某融资平台就曾发生一起因为不诚信而融资失败的案例。

项目方从事餐饮业，想要租下一些房屋作为店铺的经营场所，为此寻求有意向的投资人。一家平台收取了项目方的委托费用，随后开始帮助其融资。

平台方顺利寻找到有投资意向的投资人，双方沟通、谈判的过程都非常顺利，且平台方已经准备向项目方汇款。然而，没过多久，平台方发现项目方的资金使用存在问题——项目方租赁房屋的实际用途与商业计划书、融资协议中明确的用途不符，也无法出具产权证。这样的操作不仅违规，也无法让资金的使用得到良好的监控与保护。深入调查之后，平台方又发现项目方租赁房屋的租金要比周边其他店铺的租金要高。

项目方对此不以为然，认为只要拿到融资，能创造足够的效益就够了，认为平台方调查这些事情，完全没有必要。既然平台方不愿意把资金拿出来，就必须要归还委托融资的费用，并且要求平台方给予自己五万元的赔偿。

双方对簿公堂，法院很快就做出了判决：平台方没能履行协议，并不是主观意愿，而是因为项目方的所作所为导致的。项目方在租赁房屋这件事情上没有做到公开透明，刻意隐藏了一些不实信息，增加了投资方的风险。同时，这样的行为促使平台方对于项目方失去信任，所以项目方应该承担主要责任。最后法院做出如下判决：平台方返还项目方的委托费用，项目方支付部分委托费用和违约金共五万元。

这个案件受到资本和行业内外的普遍关注，而项目方这种不诚信的行为也被多方唾弃。自此，其融资之路也画上了句号。

事实上，类似事情一而再、再而三出现，不诚信已经成为许多资本最为忌讳的行为。只要发现项目方存在不诚信的行为，投资意愿就要大打折扣。即使最后决定投资，也会加上许多苛刻的条款，以保证自己可以有反制措施，降低投资风险。

那么，项目方在融资过程中容易出现哪些不诚实的行为呢？这些不诚实的行为主要包括四方面，如图1-2所示。

```
不诚实行为 ─┬─ 财务数据不实
            ├─ 债务数据作假
            ├─ 经营状况作假
            └─ 夸大未来发展计划
```

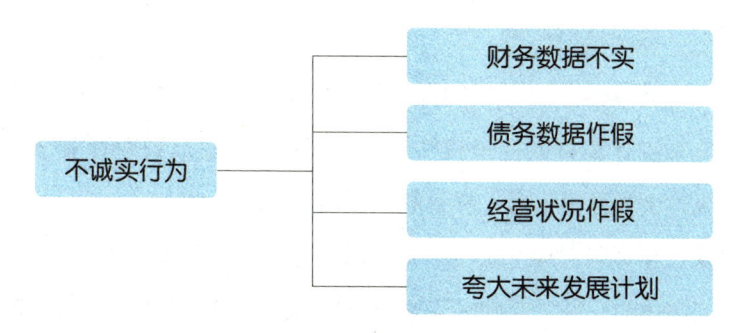

图1-2 融资过程中容易出现的不诚实的行为

第一，财务数据不实。

财务数据是项目方有形资产和无形资产的展现，也是融资方投资时估计收益的重要依据。一旦企业在财务方面作假，投资方就会错误地估计投资收益，出现大量不必要的支出，或者蒙受不必要的损失。

因此，投资方对财务数据最为重视，一旦发现企业在财务方面作假，那么就会打消投资的意愿。

第二，债务数据作假。

在创业初期，企业难免会为了维持发展而借债，这很正常，也是企业发展必需的阶段。但是，在融资时一些团队会刻意隐瞒债务情况，以便提高账面上的资产数量。如此一来，即使在融资成功之后，企业仍要面对偿还债务后因为资本减少而艰难运营的情况。在运营过程中，一旦出现资不抵债的情况，资金链就会断裂，难以继续维持。这时，投资方就会无法获得任何收益。

投资人之所以投资，是因为看好企业发展的前景，渴望项目能得到巨大收益，进而让自己得到更多回报。如果资金被拿去还债后企业还是无法维持生存，那么投资方不仅没能获利，还亏掉了本金。所以，债务数据作假也是资本比较忌讳的。

第三，经营状况作假。

如果是连锁店，每家店的经营状况不可能完全一样。如果项目方只是拿那些效益比较好的店来做样本，造成每家连锁店效益都非常好的假象，那么就会误导投资方，导致其做出错误判断。

其实，连锁店的经营状况，不仅象征着该店的经营状况，同时也能说明该地区市场的好坏。而地区市场的好与坏，决定了资本会不会入场，怎样入场，以及入场的资金规模。如果该地区市场萎缩，消费能力下降，而项目方却把其他地区的经营状况谎报给投资方，那么投资方就要遭受巨大损失，甚至在该地区的其他项目也会因为其错误决策而受到影响。

第四，夸大未来发展计划。

发展计划是对未来的策划和构思，虽然在制订时要分阶段、一步一步地实现，但计划往往没有变化快。因此，计划有变时，做出更改也是常事。但是，很多团队却夸大未来的可能性。

夸大未来不一定会带来直接的损失，但投资方往往会因此怀疑团队领导的能力。团队领导最重要的特质就是高瞻远瞩，对企业发展以及市场趋势有一定预见性。如果一个团队的领导，不仅不能正确地估量出未来发展趋势，而且错得与实际差距过大，那么投资方就会担心团队能否有好的发展前景。

在融资过程中，除了那些真正的独角兽之外，企业几乎都处于劣势，相反，投资方才是有资格挑剔的那一方。因此，我们需要尽量将自己的状况朝好的方向描述，然而需谨记一点：不诚信是最危险的。不诚信的团队，可以说基本与融资无缘。

## 第五节　没有野心与计划就没有未来

资本最喜欢什么？当然是利益。

投资行为可以推动某个行业的发展，拉动地区经济的提升，但资本的最终目的是获取更多的收益。因此，投资也被资本看作是一种将本求利的行为。想要获得资本的认可，我们就需要突出一点：我们能够为你带来更多收益。越大的收益，越能让资本动心。

而想要创造大的收益，我们需要有方向、有野心，且着眼于未来。很多团队融资困难，得不到资本的青睐，往往就是因为不能表现出足够的野心，没有着眼于未来。没有野心，就意味着发展速度不会太快，要步步为营、亦步亦趋。虽然有收益，速度却很慢，收回本金要花的时间很长，达不到钱生钱、滚雪球的效果。

有一款照片分享软件，由于界面美观，使用方便，深得年轻用户的喜爱。上线时间不长，用户数量就已经达到10万人，并获得第一笔10万美元的融资。但是，投资方在投资时却表现得十分犹豫，因为项目方的商业计划书只说明了未来的运营模式，却很少谈及如何实现用户增长、变现和营收。虽然投资方抱着发现一匹黑马的心情，选择了投资，但是为了降低风险，只投资10万美元。即使投资失败，损失也不多。

最初，团队在经营方面是不存在问题的，一步步稳扎稳打，不求有功但求无过。然而一段时间后，问题就出现了。由于创始人始终都坚持软件每个升级版本一定要测试稳定后才上线的原则，导致迭代速度远远比不上同类产品。竞争对手不断给软件增加新的功能、新的玩法，而他们的软件却还保持在很原始的版本。

用户使用照片分享软件，趣味性非常重要。软件不迭代，用户很快就会失去兴趣。因此，该软件的用户开始逐步流失，大量涌入其他同类产品。如果这时创始人能迅速反应，也还有有机会，但是因为整个创业团队都把精力用在更新产品上，已经没有精力再进行创新。最终，只能破罐子破摔，按照自己的步伐走，任由竞争对手抢走越来越多的用户。

很快，10万美元花完了，而此时创始人还是没有找到适合自己的变现方式。之前的投资方不打算继续投资，其他投资方更对他们失去兴趣。最终，这支筋疲力尽的团队只能解散。

稳扎稳打不是过错，但也要注重效率，不能因此失去机会。团队要做的应该是不断实现自己的想法，验证其正确性，敢尝试、敢突破。在创业时期发展速度非常缓慢，更象征着这个团队想法很少，创造力不够。这样的团队或许能为资本带来收益，但是效益很小，远远不能让资本满意。

事实上，有些团队明白自己的问题所在，而有些团队则根本不明白。那些发展速度较慢的团队，有着明显特征。最明显的特征就是团队领导的斗志不强。领导是一个团队的灵魂，决定了团队的行事方式和气质。一旦团队领导失去斗志，那么整个团队都会陷入低迷。有斗志的团队成员也无法忍受长期在一个士气低迷的团队里，最终只能选择离开，与之前共同奋斗过的人分道扬镳。

在融资过程中，团队领导个人的影响力是不可忽视的。投资方会观察团队领导是否有斗志,是否有长远的计划,以及是否有足够的能力。团队领导是否拥有足够的精力和斗志,很多时候能决定融资的走向。所以,在谈判的时候,无论遭遇了怎样的困境,无论多么疲惫,都要保证以饱满的精神状态面对接下来的每一步。

变现、盈利的计划对资本来说同样重要,创业不是做慈善,最终的目的还是收益。许多创业者有了完善的发展计划,但到了变现这一步,却好像被捆住了手脚一样,难以找到行之有效的方法。所以,我们需要考虑如何将想法、项目变现,如何实现盈利。

社交平台刚刚兴起时,所有人都知道这是一块大蛋糕。但如何才能通过庞大的用户群变现呢?这是许多社交平台需要解决的问题。有些平台选择了错误的变现方式,引起了用户的不满,导致用户大量流失,进而导致后续的融资成为泡影,最终只留在了人们的记忆中。而有些社交平台在选择变现方式时慎之又慎,笑到了最后。Facebook作为最成功的社交平台之一,其变现的过程与选择,是非常用心的。

Facebook从出现到飞速发展,所用的时间很短暂。用户量的暴增,导致支出也不断增加。融资无疑是保证发展速度的最佳选择,但是在这之前,Facebook就已经制订好了自己的变现方式。

如今,人们对社交平台的变现方式已经非常熟悉了,就是利用各种方式投放广告,但Facebook早期非常重视用户体验,所以绝对不会轻易投放广告,更不会投放不合适的广告。因为Facebook的早期用户都是年轻人,所以他们只投放那些年轻人喜欢的商品广告,并且只是小规模投放。

这种投放广告的模式显然会让企业入不敷出,于是Facebook又开发出其他的变现方式。他们利用用户创建的群组,向企业收费。例如,苹果公司曾为Facebook的苹果群组付费,每增加一个成员需支付一美元,每个月最少要支付五万美元。除此之外，还有直接投向群组的广告。群组成员对这样的广告并不反感，甚至还很欢迎。因为苹果公司在投放广告的同时，也会给Facebook苹果群组的成员一些额外的优惠。

这样的变现方式，不仅没有让Facebook损失用户，反而让资本看到了Facebook的巨大潜力。这样庞大的用户数量能迸发出怎样的力量，任何人都无法为其设限。所以，当Facebook开始融资时，各路资本蜂拥而至，让这个还不成熟的团队有了选择的权力。

投资不是慈善，创业团队想要获得融资，就必须要有野心，有长远的眼光，同时还要让投资人了解自己的长远计划，能在未来实现变现。

## 第六节　团队不稳定，融资准泡汤

越优质的项目，越具有市场潜力的领域，融资越容易成功。当然，除此之外，团队本身也是非常重要的成功因素。B2C在线教育机构"跟谁学"的CEO陈向东曾说："决定融资结果的是团队、模式与数据。"而从事母婴电商的一位创业者也这样说道："大的融资环境有利，项目有好的前景，团队可靠，三个因素加起来，融资成功的概率才比较大。"

一支优秀的创业团队，创始人与合伙人要优势互补，各司其职，有领导者，能在关键时刻做决策；有技术专家，能在技术上创新；有市场营销高手，能打开企业的生存与发展空间。同时，团队成员应该有足够的向心力和凝聚力，能为共同追求而不懈奋斗，能团结一致，特别是在理念上保持一致，进而让团队内部保持和谐的气氛。我们都知道，任何一个团队必须拧成一股绳，心往一处想，劲往一处使，才能发挥出最大能量，并且走得更长远。

如果团队内部有分歧，那么创业还未成功，便无法继续走下去。如果取得一些小小的成绩，便因为股权、分红而闹出矛盾，最后也只能走向分裂。也就是说，投资者看重项目与市场，也看重团队；既看重团队的专业性、创新性，也看重团队的团结与和谐。事实上，很多创业企业初期发展非常好，但是由于团队内部出现了种种问题，不仅导致融资失败，还使企业元气大伤、分崩离析。

融资失败与合伙人分道扬镳的关键原因就是一开始没能形成足够的向心力与凝聚力，更没有形成为了追求共同目标而朝着一个方向努力的信念与激情。于是当面对利益的时候，合伙人之间出现矛盾、分歧，甚至彼此猜疑、攻击。

2012年年底，在美国留学的俞昊然写出了"泡面吧"的原始代码，并且有意创办一个在线教授编程的网站。后来，他与王冲、严霁玥一拍即合，三个人一起合伙创业，组成了核心团队。其中，俞昊然负责技术，王冲负责融资，王冲和严霁玥负责运营。很快，三人成立了众学致一网络科技（北京）有限责任公司，并且引入天使轮融资100万元人民币。2014年4月，泡面吧正式在国内落地，成为国内第一批致力于在线编程教育的开拓者。

因为这个项目有前景，且市场尚未被发掘，王冲很快就寻找到多家有投资意向的投资机构，其中一家投资机构愿意出资300万美元，占股20%，而此时公司总估值已经将近1亿元人民币。然而，在这个过程中，三人的分歧与矛盾则凸显出来。其实，在团队组建之初，便存在着一个隐患——团队领导之争。俞昊然认为代码是自己写的，自己应该是团队中的老大，持有最大股权。然而，王冲认为他只是兼职，不能长期在国内，不适合做团队的领导。

于是，在与投资人签订合约时，俞昊然发现在给投资人的商业计划书中自己的主导权被剥夺了，取而代之的是王冲。就连在媒体报道中，王冲也成为公司的一号人物。

王冲给出的解释是，投资人需要公司有人一股独大，俞昊然远在美国，不方便与投资人进行沟通与谈判，于是自己就暂时成为第一大股东。就这样，在工商登记的注册资料中，公司初始股权结构为：王冲占65%，俞昊然占25%，严霁玥占10%。

为了融资成功，俞昊然同意了这个方案，但是也与王冲进行了口头约定：等到资金入账后，两人再进行股份对调。王冲却否认这一说法，表示两人的约定为"股权平均，优先稀释"，即在后续融资中，首先稀释王冲的股份，等到其股份降至与俞昊然接近时，再稀释王冲和俞昊然的股份，直到三人股份均等为止。遗憾的是，因为缺乏书面协议，且合伙人协议中也没有相应条款，所以两人的说法都无法证实。

同时，因为俞昊然一边在美国读书一边兼职写代码，导致团队不稳定，对于其他合伙人不公平。所以，投资人也提出了要求，并且把条款写进了融资协议，即俞昊然必须在2014年6月30日前回国进入全职创业的状态，否则就会被解聘，名下的股权也将被收回，归天使投资人所有。

但是，针对这项条款，俞昊然则说自己并没有同意，上面的签名也是伪造的。而王冲和严霁玥则表示，签名是严霁玥代签的，但是已经征得俞昊然同意。

就这样，俞昊然与王冲、严霁玥的矛盾越来越大，2014年6月17日，三人在讨论股权融资协议时发生了激烈的争执。俞昊然愤怒地离开，15分钟后又再次回来，对两人宣布：一、他刚刚删掉了存放在代码托管库上的泡面吧网站代码，自己保存了副本；二、他给全体员工、投资人分别写了邮件，两封邮件将在一个半小时后自动发出。

最后，几个人又发生了争吵，虽然王冲一度表示愿意和解，然而俞昊然提出了自己的条件：第一要回美国完成学业；第二要做CEO；第三要成为大股东。几人并没有达成共识，接下来王冲和严霁玥离开，泡面吧A轮融资失败。

就这样，这个有着极大发展潜力的项目因为团队不和谐而失败，虽然之后俞昊然自己单干，创办了计蒜客，而王冲和严霁玥也组建新的团队，成立萌码，但是其发展远远不如泡面吧，且错过了大好机遇，再也无法获得投资方的信任与青睐。

对于投资者来说，团队是非常重要的一环。没有一个和谐的团队，不要说业绩，就连生存下去都是一个难题。当然除此之外，我们还需要确保团队的稳定性与完整性，即团队成员要稳定，成员配置要完整，必须包括管理、技术、运营、财务等各方面专业能力强的人才。

团队稳定，且有强大的竞争力、凝聚力以及激情，资本才愿意投入更多资金。

# 第二章

## 收拾好屋子再迎客

## ——融资前要做什么？

## 第一节　唇枪舌剑，谈判场上见真章

让投资人喜欢我们的团队、我们的项目，可不是一件容易的事情。客观上的能力、潜力，固然重要，但投资人的主观想法同样能左右谈判的结局。如何给投资人留下一个好印象，让团队和项目看起来值得投资呢？首先要做到完美应对投资人提出的问题以及意见。

投资人在与我们见面之前，虽然也会做功课，但相比当面商谈，还是不够全面。特别是在细节上，他们总是希望获得更多信息，比如了解资金去向，是否有回报等，在确定意向之前会提出许多问题。这些问题可能包括但不限于产品、团队、目标客户群等。

有些创业者对这些准备工作没有足够的重视，他们认为如果没有将这些问题考虑好就不可能开启创业之路，这无异于把钱扔进水里。然而，想得明白和说得清楚并不是一回事，说得清楚和说得漂亮也不是一回事。一个人能力强，并不代表就有好口才，更不用说在决定团队未来命运这种关键时刻的临场发挥。所以，我们必须做好准备，否则很容易在关键时刻大脑一片空白，明明有好的想法却说不出来；明明计划很不错，却不能简单、直指核心，结果给投资人留下不好的印象，导致谈判天平上就少了一个砝码。

## 第二章 收拾好屋子再迎客——融资前要做什么？

除了会说，还要会听。会听，并不是说用心听、认真听就能解决问题。人们在说话时往往不会直来直去，通常会将自己的真实目的隐藏起来。比如，有人询问你住的地方距离工作地点有多远，通勤要花多长时间，其实真正想要知道的是你开什么车，房子在什么地方。领会到对方话语中的真实目的再进行回答，才能得到我们想要的结果。

那么，在谈判过程中，投资方最想要知道的是什么呢？有三个话题一定会提及，如图2-1所示。

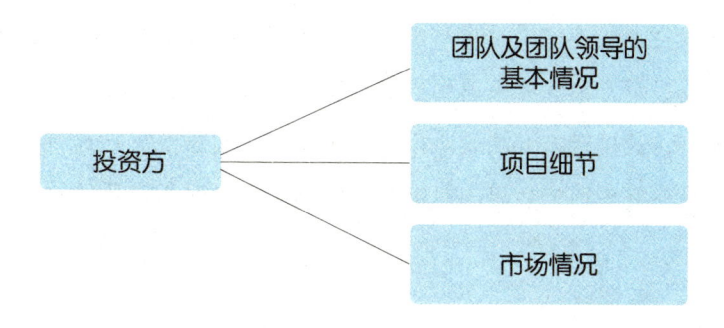

图 2-1 投资方最想了解的情况

第一，团队及团队领导的基本情况。

一个有能力的、稳定的团队，是成功的必要条件。创业团队的人数、擅长领域、履历以及成功经验，都是非常重要的。团队中有越多获得过成功的人，投资方就越放心。所以，将团队成员的情况烂熟于心，是非常必要的。

第二，项目细节。

投资人拿出的是真金白银，自然想要知道自己的钱花到哪里去了。秉承着对投资人负责的宗旨，告知其项目细节是非常必要的。

钱要用到什么地方，花多少钱能达到怎样的效果，取得多少回报，这些都是投资方迫切想要知道的。一些创业团队对于这些问题可能有大概的了解，但这远远达不到投资人想要的效果。我们必须给出精确的数字、精确的进度、精确的方向与目标，才能让投资人放心。一旦在发言时含糊其辞，经常使用"或许""也许""大概"这样的词汇，会让投资人心存疑虑，进而打消投资意愿。

危机应对也是阐述项目细节中重要的组成部分。没有任何创业是一帆风顺的，投资方有着非常丰富的投资经验，往往比创业团队考虑得更全面、更复杂。创业团队往往自我感觉良好，更多思考最顺利的情况，向投资方描述前景时常常描述的也是理想中的状态。因为缺乏风险意识，当投资方询问如果遇到危机、发展不顺利时怎么办，这些人总是哑口无言，让投资方无法放心投资。所以，在面对投资方询问时，我们一定要准备好项目的危机应对策略，明确项目发展不顺利时如何应对、破局。

第三，市场情况。

市场是创业过程中最重要的一环，无论我们经营的是全新的项目还是传统项目，有无实体商品，都需要有用户才能实现发展与变现。市场需要什么样的产品，我们的产品能否满足市场的需求，这可不是简单的市场调查问卷就能说明的问题。用户的痛点是什么，我们的产品能否对应用户的痛点，这两个问题都是非常关键的，决定了项目以及产品的未来发展趋势。

同时，除了团队与用户外，市场上还有与我们处于同一赛道的竞争对手。在分析市场时，绝不能忽视竞争对手带来的影响。当竞争对手强大时，需要考虑我们要怎样发力，才能稳住阵脚；当竞争对手弱小时，要分析我们用什么策略占领市场。

将产品、用户、竞争对手等因素都考虑进去，才是完整的市场状况分析。而把这些因素全面、详细、客观地告知给投资方，投资方才能了解到我们的思路是清晰的，并且建立信任。

以上总结的这些问题是融资过程中投资人可能会提到的，但却不是我们在谈判中要面对的全部。能回答好投资方的问题，只能说是迈过门槛而已。接下来，我们还需要面对投资方的"褒贬"。

"褒贬是买家，喝彩是闲人"，从小摊买卖到投资交易都是如此。但投资方的褒贬与小摊上的讨价还价不一样，这些"褒贬"，往往是对我们之前回答问题内容的反馈。既然是谈判，当然不是我们说什么对方就照单全收。投资方有疑问很正常，只要能拿出有力的证据，一切疑问就都能烟消云散。

有关心才会有疑问，而大多数疑问都出现在收益方面。项目的收益是否真的像我们描述得那么好？前景是不是真的有我们说得那么好？如果有充分的依据，拿出翔实的数据，投资方就不会再质疑。最糟糕的情况是在计划书中并没有准备数据，单凭一张嘴侃侃而谈。在这种情况下，描述的回报越是丰厚，前景越是广阔，对方就越是担心。

所以，一定要有翔实的数据来应对质疑，而且数据也不能全部展示理想状况及上限，只展示上限会让人产生不可靠的感觉。同样，也不能只盯着下限，这也不利于融资，这样虽然说明团队脚踏实地，但却会让投资方对前景产生怀疑，认为项目无利可图。

总之，在融资前，要做好在谈判桌上唇枪舌剑的准备。要准备足够的资料、翔实的数据，更要有良好的心态。虽然投资方在谈判桌上是我们的对手，但是在谈判结束以后就有可能成为我们的合作伙伴。所以，谈判的氛围还是要以亲切友好为主，以促成合作为第一要务，不用抱着太强的警惕性，更不能因为对方质疑我们的项目就产生敌意。

## 第二节 做好减法，轻装出发

在创业过程中，我们总是对自己的产品及项目充满信心，认为在没有更好的替代品出现之前，我们的产品、计划、商业模式等都可以持续下去。然而在投资方的眼中，情况却不这么乐观。我们认为好的，在投资方眼中并没有那么好；我们认为应该保留的，在投资方眼中却是可有可无的，甚至一些计划、方向、创意、想法，都是没有价值的。

满足投资方的想法以获得最大支持，是融资过程中最重要的环节。所以，当投资方要求我们做减法，割舍掉一些多余的要素时，我们就需要认真对待，考虑清楚应该怎么取舍。

那么，投资方一般会要求舍弃掉哪些要素呢？主要包括三个方面，如图2-2所示。

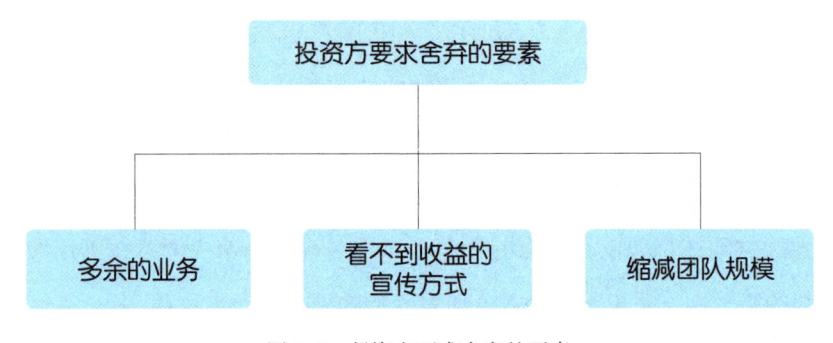

图2-2 投资方要求舍弃的要素

## 第二章　收拾好屋子再迎客——融资前要做什么？

第一，多余的业务是投资方最希望舍弃的。

许多团队在创业时都开展了不少业务，既是为了多方面尝试，从不同的方向获得收益，也是为了给团队多找一条路，寻求更多成功的可能性。

然而，投资方并不认同这样的做法，在一项业务成熟之前，多余的业务不能称为多元化，只能说是多余的事情。这些事情不仅会分散团队的精力，让投资方看好的项目不能全力发展，还会导致出现多余的支出。

所以，投资方希望团队砍掉多余的业务，保证资金和精力都能用在他们看好的业务上，以便保证扩张进度。

埃隆·马斯克在许多领域都开展了自己的业务，包括太阳能、新能源汽车、航天科技等。这些都属于高科技产业领域，不能说完全没有相通之处，但马斯克从没有想过将这些业务都交由一家公司来管控，而是成立了单独的公司来运营。即使在创业初期，资金捉襟见肘，马斯克也没有让这些公司互相支援、混在一起。因为每家公司都独立运营，独立钻研，才能保持专注，保持前进的节奏与持续性。这也是这些公司能完全展现出其独特优势，取得成功的真正原因。

减少业务，特别是各业务之间没有相互关联的情况下，能有效减少团队支出，缩小团队规模，减少风险。"船小好调头"，即使遇到危机，也可以因为灵活而及时化解。所以，去掉多余的业务并不是坏事，特别是在得到融资以后，减少产品研发与团队运营上的负担，可以把精力、资金都集中在一个方向，发展出自己的优势。

第二，砍掉看不到收益的宣传方式。

都说创业就是烧钱，除了变现之前的研发、经营、人员等支出，宣传费用支出是最高的。很多创业者缺少经验，迫切想要成功，只能采取广撒网的方式进行宣传。只要是能想到的方式，能承担得起的项目，都会投入资金来尝试，以观察效果。

可是，烧钱要烧到正确的地方，要保证钱花了，效果也能达到。如果因为用户群体的原因，宣传没有起到良好效果，但还是怀着"坚持一下也许就能成功"的想法扛下去，这样做的效率极差，也是投资方不愿意看到的。

对于创业团队来说，每个用户都是珍贵的，每多一个用户都是值得欣喜的。但对于投资方来说，每一个新用户能带来多少收益才是更值得关注的。如果转化一个用户的支出超过预期，转化来的用户数量少之又少，那么果断放弃这一宣传渠道才是正确的选择。虽然转化新用户的速度减慢了，但支出也减少了。把资金合理利用起来，寻求其他有效的宣传渠道，再加大力度，仔细观察效果，这才是正确的方式。

所以，在投资方要求我们砍掉辛辛苦苦建立的宣传渠道时，应该有心理准备。虽然渠道搭建的过程非常艰辛，也许已经看到一丝曙光，但应该放弃的时候还是要放弃。做减法，有时能收获更多。

第三，缩减团队规模。

创业团队最大的问题往往出现在管理上，从最初架构团队，再到团队规模逐渐扩大，一层层叠加起来，团队越大、越复杂，问题就越多。即使团队人数不多，管理制度变得复杂后，效率也会降低。

融资是否成功，可以看作是团队发展的一个重要节点，需要做出的改变很多。既然如此，不妨趁此机会在管理方式上做减法，让管理变得更顺畅、更及时。

管理扁平化是最简单的方式，就是由小团队领导直接负责各团队的工作进度。一线成员能直接与负责人对接，出现问题时的应对速度就会大大加快，出现有价值的反馈也能让其他一线团队及时跟进。

华为团队之所以被称为高维团队，就是因为其扁平化的管理方式。总部直接对各个小团队负责，通过优秀团队传来的反馈制订策略，让其他团队能同时取得进步与发展。当某个团队遇到问题时，也能由总部直接通知到其他团队，在其他团队还没遇到相同的问题之前就做好准备，做到防微杜渐。

除了扁平化管理外，缩减团队规模也是提升管理效率的方法。创业团队成员之间的关系往往是非常密切的，但不是所有人都能跟上团队的发展速度。融资成功，说明团队将进入下一个阶段。那些成长速度跟不上团队的成员，只能影响团队的成长。如果是普通员工，对团队的影响很小。如果是管理层，他的决策跟不上团队的发展，他的意识不符合团队的现状，就会大大影响团队发展的速度。

同时，在谈判中，利益交换是常见的做法。在投资方提出要求时，创业团队同样可以提出自己的要求来进行交换。许多创业团队在谈判的过程中，因为担心得不到融资，面对投资方的要求，无底限的退让，结果被投资方发现弱点，最后沦为傀儡。

面对投资方做减法的要求，我们可以接受，但是应保持不卑不亢的态度，心态平和，以求同存异、互相让步为策略完成谈判。我们做好了减法，得到了融资，就可以轻装上阵，再次起航。

## 第三节　应对审查，让大家都放心

融资是一种商业行为，而商业行为讲究契约精神。契约签订以后，其内容就将受到法律保护。因此，正式成交，签订融资协议，是最后成功的时刻。为了保证契约能顺利签下，成功时刻能够平稳到来，创业团队和投资方对对方进行考察是必须的。对于融资来说，我们需要提前准备好投资方需要的材料，才能保证这一过程顺利、快速。

在投资方的审查正式开始之前，我们要先证明"自己是自己"。这听起来很奇怪，但其实并不奇怪。自从"公司"这一组织出现以后，挂羊头卖狗肉的皮包公司就层出不穷。虽然投资方事先已经对我们有一些了解，但还是不可避免地要对公司的基本情况进行审查。

为了证明身份，我们必须提前准备好公司的基础资料、法律信息。营业执照上的公司是不是我们的公司，经营范围究竟与我们的项目是否一致，公司成立的流程是否合法，这些都是我们与投资方进行合作的基础。如果连这一关都过不去，根本就无法进行下一步，融资的事情到此结束。

在互联网时代，商标和域名也是公司的重要资产。许多创业团队没有意识到这一点，没有在前期就注册好商标和域名。等团队取得了一定的业绩，有了一定名气以后，才发现商标和域名被别人抢注了。被别人抢注，本该属于自己的财富变成别人的，不仅会带来资金上的损失，还有可能造成很多法律上的麻烦。所以，最好在投资方注意到这件事情之前，就注册好商标和域名。千万不要抱着"自己的商标在投资方审查之前准备好就行"的想法，因为注册商标流程很复杂，需要一定的时间。

同时，并不是所有商标都满足注册要求，有些商标因为涉嫌违反国家法律法规，是不能注册的。特别是现在的创业公司越来越多，注册的商标也数不胜数。在设计元素上，难免会出现"撞车"的情况。一旦出现相似、雷同的商标，就不能注册，这时我们需要更改自己的商标设计。

另外，做事情要有长远的眼光，注册商标也是一样。近年来，各大企业越来越注重商标保护问题。注册商标时，往往会多注册一些与经营范围相近的业务商标，以便满足公司将来开展其他业务的需求。对于商品迭代，也要提前做好准备，以免到时被其他人抢注。事实上很多手机制造商，已经将产品型号注册到10代以后，就是为了避免这种情况的发生。

域名也是一样，由于域名只能使用英文字母注册，因此经常出现同音不同字的情况。很多公司成立之初，就发现域名已经被别人抢注。所以，创业团队要集思广益，构思出多个与公司名称相关，辨识度高，又便于记忆的域名，尽快注册。如果我们选出的最能体现公司价值的域名已经被注册，那么就要做好从他人手中购买的准备。

在审查的过程中，人员也是非常重要的。归根究底，团队是由人组成，团队成员的情况也是投资方重点审查的内容。因此，在审查之前，我们也要做好关于人事方面的功课。人事资料又要分成两个部分，一部分是股东，另一部分是员工。

股东对于投资方来说非常重要，因为股东中重要的持股人会和投资人一起组成董事会。董事会是公司的实际控制者，还涉及融资以后创业团队核心成员手中股权份额等问题。根据我国相关法律规定，股东有决定公司经营、投资计划，对公司合并、解散、变更等行为做出决定的权力。所以，投资人有影响公司的权力，但在董事会中的席位要比股东少，而加入董事会的股东，则决定了未来公司的走向。

董事会有控制公司的权力，员工作为公司的一分子，有监督董事会的权力。一个完整的公司，还要有监事会，或者设立独立监事。监事会一般从员工当中民主选出，有检查公司财务状况，提议罢免违反法律、法规、公司规章制度的董事的权力。如果董事、股东做出损害公司利益的行为，监事会有权要求董事会纠正。在必要情况下，监事会还可以要求召开临时股东会议，向股东会提出建议，甚至起诉违法、违规的董事、股东及管理人员。

董事会和监事会都拥有很大的权力，因此是投资方重点考察的对象。议事会议的流程是否正规，投资方在议事时有哪些权力，这些因素都能左右投资方的投资意向。所以，我们必须提前准备好相关资料，这有助于给投资方留下"我们是按规矩办事的正规团队"的印象，否则难免会被扣上"草台班子"的帽子。

用人规范也是投资方审查的方向之一，只有签订了劳动合同的员工才真正是公司的一员。在《劳动合同法》中，员工被视作弱势一方，发生劳动争议时，会优先照顾员工。所以，《劳动合同法》中规定，如果已经建立劳动关系，就应该订立书面合同。如果超过一个月还没有订立书面合同，用人方每个月要向劳动者支付双倍工资。除此之外，还有种种针对违反《劳动合同法》的处罚措施，违反《劳动合同法》显然会为投资方带来损失。

在创业初期，团队中的成员彼此之间都很熟悉。在创业成功之前，也许想不到要订立正规的劳动合同，但在融资之前，无论团队有多小，员工有多少，订立劳动合同是非常必要的。在签订劳动合同时，我们需要注意三点，如图2-3所示。

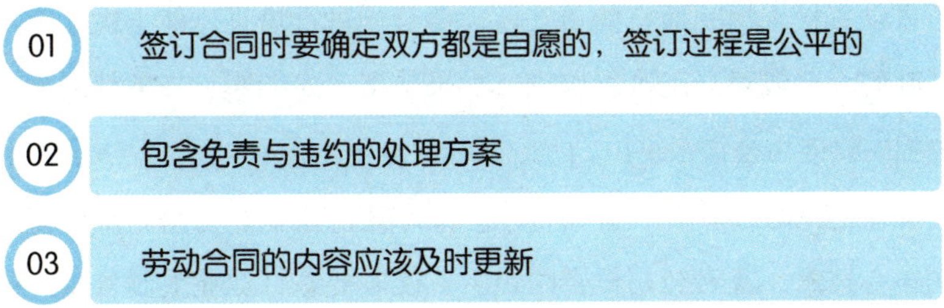

- 01 签订合同时要确定双方都是自愿的，签订过程是公平的
- 02 包含免责与违约的处理方案
- 03 劳动合同的内容应该及时更新

图2-3 签订劳动合同时的注意事项

第一，签订合同时要确定双方都是自愿的，签订过程是公平的。

如果违背员工意愿，以欺诈、胁迫等手段逼迫员工签订合同，这样的合同是无效的。很多小团队在签订合同时，没有考虑到合同的有效性，在合同中设置了种种严苛的规定，以保证员工高度服从。但是，当某些规定违反《劳动法》时，合同自动作废。即使员工没有遵守这些规定，将来如果对簿公堂，企业也一定会败诉。

第二，包含免责与违约的处理方案。

"害人之心不可有，防人之心不可无"。包含完善的免责及违约条款的合同，才是合格的合同。

在创业初期，我们的团队成员会有各种各样的问题，其中包括已与其他公司签订劳动合同，隐瞒了之前的从业经历，或者在这个团队中只是兼职。如果对方隐瞒了自身情况，我们贸然与其签订合同，极有可能因为《劳动合同法》中的竞业限制而蒙受损失。所以，我们要在免责声明中明确，员工在入职时需要做出保证，没有与其他公司签订劳动合同，也没有违法行为。一旦出现问题，公司不承担任何责任。

免责是为了避免因为员工无意间侵害了其他公司的利益，从而让公司陷入纠纷。而违约条款是为了避免公司的利益被员工侵害，出现泄露公司机密的情况。特别是公司在快速发展阶段，不断招纳新员工，有些员工可以直接上岗，而有些员工还需要公司进行培训才能上岗。公司花费了时间、金钱对员工进行培训，如果员工还未能履行义务就离开，造成的损失只能由公司来承担。

针对这两方面，要在劳动合同中添加违约条款。如果是那些接触到公司核心技术，或者公司机密的员工，还需要签订竞业限制条款——明确即使员工离职，在两年内也不能从事相同行业。只有这样，才能保证公司的机密不被泄露，利益不受损害。

第三，劳动合同的内容应该及时更新。

条款是死的，人是活的。没有条款是完美的，更何况在创业初期，员工的身份、岗位、待遇等都在不断发生变化。一旦实际情况发生变化，劳动合同中的内容也应该随之更新。如果没有及时变更，就难免会在处理员工问题时产生纠纷。

## 第四节 分好蛋糕和做好蛋糕一样重要

利益分配永远是商业活动中绕不开的话题，投资方将本求利，想要让自己的投资获得更多的回报，而创业者则想要更多地维护自己的利益。因此，在融资之前，要先协商好股权如何分配，并且将其落实到字面上。

与投资方协商股权分配时，要先确定团队中的股权是如何分配的。在融资之前，给团队当中的优秀成员或者合伙人分配一些股权，这种方法在创业团队中并不罕见。但是，有些团队草创时期的情况比较复杂，有以技术入股的，有以资金入股的，还有联合创始人等。这样一来，股权就会变得比较分散。所以，与投资方谈判之前，必须要准备好资料，提供全面精确的股权数据。

如果团队尚未获得收益，还没有分配股权，团队成员是不会等到融资以后企业价值水涨船高时才谈这件事情。所以，团队领导要做好准备，在融资之前先把团队内部的股权分配好。

按照贡献多少的方式来分配股权无疑是最合理的，但有些成员的股权分配无法采用直观的贡献度来判断。有些成员在创业初期对团队有巨大的帮助和贡献，但随着团队的发展，贡献开始逐渐减少，最终淡出团队核心。而有些成员虽然加入团队的时间较晚，但是在团队中却发挥着不可替代的作用。所以，针对不同的情况，团队领导在进行股权分配时要基于基本的公平。

股权不仅代表收益的多少，还代表着在团队中的话语权。在分配股权时，团队领导一定要拿出足够的资金来保证在团队中的话语权，这不仅能保持团队的稳定，更能在团队内部出现矛盾时顺利解决问题。

真功夫快餐创立于1994年，曾经是国内最大的中式连锁快餐公司之一。但是后来因为股权分配出现问题，导致内部纠纷不断。真功夫的创始人有三个人，分别是潘宇海、蔡达标和潘敏峰。潘宇海占有50%的股权，潘敏峰和蔡达标夫妇各占25%。蔡达标与潘敏峰离婚以后，潘敏峰将股份转移给了蔡达标，于是蔡达标和潘宇海各占50%。

后来真功夫进行了小规模融资，今日资本和中山联动各拥有3%的股权,双种子饮食管理有限公司占10.52%的股权,蔡达标和潘宇海两位大股东各有41.74%的股权,仍然势均力敌。因此,当双方对公司未来的发展产生不一样的看法时,谁都无法一锤定音,导致企业陷入拉锯战之中。

可见,与合伙人平均分配股权,对团队未来的发展非常不利。那么,股权究竟应该怎样分配呢?

一般来说,团队领导应持有67%的股权,对团队拥有绝对的掌控权。拥有67%的股权,意味着团队领导有修改公司章程、增加或减少注册资本、分立、解散、合并、更改公司形式的权力。

这样对于创业团队是非常有利的,在创业初期,确定团队发展方向比任何其他事项都重要。小团队走多元化的道路,只能分散自己的时间与精力,导致团队发展缓慢。所以,团队领导必须要有一锤定音的权力,无论朝哪个方向走都比原地踏步要好。

如果团队领导持有51%的股权,虽不及67%的绝对控制权,但如果不是出现重大问题,也可以掌控团队,拥有在股东会上轻松通过决议的权力。

还有一种情况,即团队领导持有34%的股权,拥有一票否决权。一般来说,在股东会上拥有三分之二表决权,就可以通过任何重大决议。如果团队领导拥有超过三分之一的股权,那就相当于在股东会上拥有了一票否决权。所以,股权份额设置在34%也是非常有意义的。

如果团队成分比较复杂,团队领导难以保持上述份额股权时,那么比较合理的份额应该保持在25%左右。这样既能保证团队领导的热情,又能确保拥有一定的权力。而团队中其他重要成员,持有10%左右的股权最为合理。随后再按照技术、出资等因素进行增加。

团队领导拥有对团队的控制权,占有最高比例的股权是可以接受的。但是，这并不能保证团队领导就是那个能一直与团队走到最后的人。或是主动，或是被动，团队领导离开团队的情况并不罕见。

苹果公司的创始人史蒂夫·乔布斯和PayPal的创始人埃隆·马斯克，都曾因为各种原因离开公司。只不过乔布斯后来又王者归来，重新创造了辉煌。而马斯克则从未想过重回PayPal，而是创立了自己的公司——特斯拉和SpaceX。

团队领导主动离开团队，会对团队的发展带来一定的负面影响。特别是带走的那部分股权，会成为公司运营的不稳定因素。不想离开公司的其他股东，也要有保护自己的方法，避免利益受到侵害。而股权成熟，就是针对团队领导离开团队而设定的方法。

股权成熟，是指团队领导手中的股权会在四年内到期，每年成熟25%。在这期间，如果团队领导主动或被动离开团队，那么其他没有成熟的股权，要以最低价格转让给团队中的其他成员。

股权成熟这一方式，能有效保证团队成员的利益，同样，对投资方来说也有非常重要的意义。投资方进行投资时，团队领导的影响力是不可忽视的。团队领导离开，显然是与投资方的理念出现分歧。所以，在投资合同中，经常会出现关于股权成熟的条款，避免出现团队领导离职，但手中又持有大量股权，坐享其成的情况出现。

相比股权成熟来说，投资方还有更好的限制团队领导出走的方法，那就是股权锁定。股权锁定是指在团队领导没有得到特定投资人的许可时，在公司上市之前不得出售股权。这种方法能将团队领导留在团队中，保证其专心创业。但是，对于团队领导来说，接受股权锁定是有风险的。

签订劳动协议时，团队核心成员都要签订竞业协议。再加上股权锁定，意味着团队领导如果离职，在缺少资金和其他领域经验的情况下，只能选择打工谋生，浪费自己几年的时间。

虽然对团队领导来说这样的行为并不公平，但对投资方来说是很必要的。如果团队领导抛售自己手中的股权，那对投资方将造成很大的威胁。

现实生活中，很多团队在"做蛋糕"这件事情上表现强劲，让人感觉前途无量。但是，却没有做好"分蛋糕"这件事，导致融资以后团队内外矛盾不断。因此，要想让事业更好地发展，我们不仅要学会"做蛋糕"，更要学会"分蛋糕"，不仅要创造出好的产品，更要运营好团队。

## 第五节 打扫屋子最重要的一步——整理好财务

融资，是为了找到资金支持我们继续完善产品，产品成功以后会获得更多收益。这不仅能让我们自身得到巨大的经济利益，达成创业理想，同时也能让投资人满意。归根究底，融资就是为了得到资金支持。

在企业没有足够的资金时，财务状况可能显得没有那么重要。就好像一个没有多少粮食的米缸，即使都被老鼠偷吃了，也不会造成太大的损失。而融资，就好像要往米缸里装满大米。如果这时候还不检查一下是否有老鼠偷吃，那么等老鼠把米缸吃空的时候，后悔就晚了。投资方也不愿意把米装进有老鼠的米缸里。

## 第二章 收拾好屋子再迎客——融资前要做什么？

因此，正式融资之前，我们需要进行一次正式的财务整理、审计，让财务状况清楚、干净，既能让团队内部的经营状况变得更好，又能让投资方满意。这样一举多得的行为，何乐而不为呢？那么，财务审计要从哪里开始呢？

最简单的做法，就是检查银行账单。银行属于第三方，因此无论是对账单还是流水账单，内容都是真实有效的，能反映出企业真实的财务状况。

既然银行账单给出的数据真实可信，那么伪造银行账单就成了钻空子的常用方法。所以，想要检查银行账单，就要先学会分辨银行账单的真伪。

分辨银行账单的真伪，需要借助各方面的数据来进行核对。发票、银行账号交易记录，都是有效的证据。只要用这些数据与银行账单进行核对，就能知道数字的准确性。但是，这样简单的方法往往存在很多瑕疵。因为票据同样可以作假，而且有些团队尤其是初创小团队并没有完全保留所有票据的习惯，所以在核对时，往往会出现因为缺少票据而无法准确核对的情况。

分辨银行票据的真伪，也可以从核对日期着手。很多人认为个人办理银行业务很便利，任何时候都可以去，于是便认为办理对公业务也是这样。实际上，银行在非工作日不办理对公业务。所以，在核对银行账单条目时，一旦发现存在非工作日办理的对公业务，那么就可以判断账单是伪造的。

有了真实有效的银行账单后，做好财务审计的准备就容易了。接下来，我们需要根据银行提供的账单和团队内部的数据，完善资产负债表、现金流量表和损益表三大报表。

团队究竟有多少资产，这是投资方必须要了解的。那么，只了解团队营收、人才数量、产品、技术、固定资产就能完全掌握团队的资产吗？显然不是。贷款、债务，这些同样需要计算入内。只有扣除负债，剩余的才是团队真正拥有的净资产。一旦负债金额过高，债权人就拥有了得到团队任何一部分资产的可能性，而对于投资方来说，这是不能接受的。

现金流量表同样重要，经营公司不仅需要有资产，还需要有充足的现金，保证经营性现金流的正常。无论企业利润有多少，市场扩张有多快，现金流一旦断裂，都难以继续保持正常运营。有不少团队在鼎盛时期遭遇现金流问题，从此一蹶不振，被对手超过。这也是许多团队追求融资的原因之一。

在完善现金流量表之后，团队的支付能力、偿还能力和盈利状况，就能被准确评估了。因此，这一项也是投资方很重视的。

损益表，是体现企业收益构成和过程的重要报表。其中要包含企业收入、成本、对公对私的各项费用。通过损益表，可以大概推断出团队未来的经营方向以及未来的盈利状况。

损益表是一张集成式报表，因此，要反复核查其中的数据。我们需要保证各项数据的真实、准确、及时，并且与其他报表的内容相符。

当这三张报表完善好以后，就可以开始完成审计报告了。审计报告指的是把整个团队财务方面的所有情况进行总结，形成审计文书，不仅要包含各项真实有效的数据，还要包含揭示团队经营状况的功能。审计人员要通过审计结果来找出团队当前存在的问题，并给出解决问题的意见与建议。

一份好的审计报告，不仅能说明团队当前的经营状况，还能为团队接下来的发展指明方向，对于融资非常重要。那么，要如何完成一份优质的审计报告呢？需要满足四个条件，如图2-4所示。

## 第二章 收拾好屋子再迎客——融资前要做什么？

```
                    优质的审计报告
        ┌──────────┬──────────┬──────────┐
    要有条理性    简单、可视    详细、真实   分析和意见
                                          不能狭隘
```

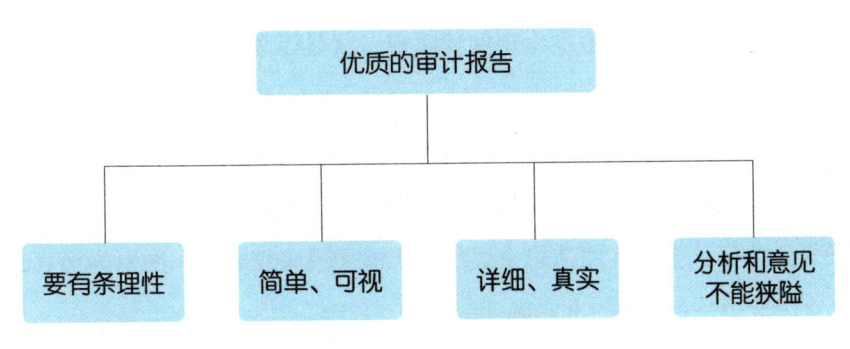

图 2-4　优质审计报告的条件

第一，要有条理性。

做事有条理，才能保证不出错；说话有条理，别人才听得明白。在审计报告中，有大量复杂的财务数据，涉及众多时间节点、人员以及事件信息，很容易让人眼花缭乱。所以，为了保证报告简单易懂，就必须做到条理清晰、逻辑合理。

按照时间排序是最常见的做法。人的记忆并不会消失，只会隐藏在某处，等着被唤醒，而唤醒记忆最好的办法就是掌握精准的时间节点。比如，某人在某天做了什么，重点是什么。所以，将审计报告中的事件按照时间排列，不仅条理分明，容易记住，更能唤醒当事人的记忆，具有敲响警钟的功能。

按照事件的重要程度排序同样也是一种有效的方法。做事要分轻重缓急，不重要的事情可以往后推一推。在完成报告时，把重要的事情放到前面，把不重要的事情放到后面，这样一来即使阅读报告的人失去了耐心，也不会错过那些重要的、应该了解的信息。

第二，简单、可视。

相比于文字来说，图形是更容易被理解、被记忆的表达方式。比如

有阅读障碍的人，虽然不能准确地阅读文字，却可以阅读、记忆图形。以汉语为母语的人，很少出现阅读障碍，就是因为汉字更像是一种图形文字。

想要让审计报告简单易懂，插入大量的表格、图形是最有效的办法。市场数据、财务数据，涉及的日期、人员等，这些信息如果用文字来表达的话，会让人阅读起来很吃力。但如果采用表格、图形的形式，那么就变得一目了然，非常好理解。

第三，详细、真实。

人不是机器，在表达观点的时候，会不由自主加入自己的主观想法。但是，审计报告不一样。我们要表达自己的意见，但这些意见背后一定要有足够的数据支持，可以用同行、竞争对手来举例，也可以列举自己调查、统计的数据。

有了这些信息，我们的报告才有说服力，才能让阅读报告的人认为这份报告是有力量的。如果报告充斥着主观判断，没有任何客观事实作支撑，会让人产生撰写报告的人能力不足、不够客观的想法，进而导致投资人对报告的信任程度下降。

第四，分析和意见不能狭隘。

对于问题的分析以及针对问题提出的意见，往往能够反映出报告撰写者的眼光是否长远、见解是否独到、思维是否与众不同。因此，在撰写报告时，我们要注意分析问题的宽度和深度。

宽度，指我们看问题的角度不能被局限在某个部门，甚至只限于自己的项目与企业。本地的同行、市场，对我们同样有启示意义；全国乃至全世界的行情动态与未来发展，对于我们来说也有很大的借鉴价值。所以，把视野放得更宽，才能让我们的报告更加清晰明了，也更有说服力。

深度，指看问题不能只看表面。很多事情的发生都是有关联的，存在着更深层的原因。只看到表面问题，只解决表面问题，就意味着治标不治本，还可能在之后被同一问题、同类问题困扰，无法实现突破。更何况，有连锁关系的问题，牵一发而动全身——一个小问题便能引起连锁反应，导致企业出现各种问题，最终无法正常运营。只有用更深远的眼光来看问题，才能找到真正的"病灶"。

## 第六节 心理准备必须要做好

除了做好硬件上的准备，我们还应做好心理上的准备。对于企业来说，融资是大事，也是难事，考验的是创始人、管理者的信心、耐心、抗压能力以及平常心等。做好了心理准备再与投资方进行沟通、谈判，便能自信地应对投资人的提问、质疑，能大胆且坚定地争取利益，或坦然地顾全大局，做出妥协。

其实很多时候，融资心态要比融资技巧更重要。现实生活中，很多创业者自恃过高，还没做出太多成绩就认定自己的项目一定能有大的发展，带来巨额收益，于是与投资方进行沟通、谈判时，眼高手低，夸夸其谈。当投资人提出质疑时，他们往往是产生条件反射般的抗拒，不愿意花时间讲解项目，甚至一味坚持自己的商业模式。有些创业者甚至滋生这样的想法："这个项目将来肯定会火爆！你不投资，那是没眼光！""你不投，还有很多投资人抢着投！"

于是在这种心态的影响下，创业者不仅断送了自己的融资之路，也让创业之路变得充满坎坷,最后很可能以失败收场。那么,在融资前以及融资过程中,我们需要做好哪些心理准备,或者说应该保持哪些良好心态呢?主要包括四点,如图2-5所示。

```
┌─────────────────────────────────────────┐
│  对于投资人的提问保持自信,并且给予高度重视  │┐
├─────────────────────────────────────────┤│
│  对于投资人的怀疑要有耐心,要不卑不亢        ││  融
├─────────────────────────────────────────┤│  资
│  保持平常心,放弃应该放弃的                ││─ 时的良好心态
├─────────────────────────────────────────┤│
│  做好成功的心理准备,也要做好失败的心理准备 │┘
└─────────────────────────────────────────┘
```

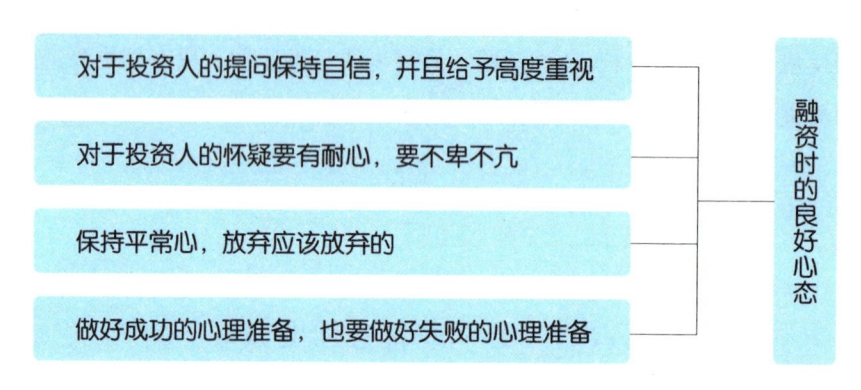

图2-5 融资时需要保持哪些良好心态

第一,对于投资人的提问保持自信,并且给予高度重视。

面对寻求融资的创业者,投资方必然会提出一连串关键性问题,甚至是令人难以回答的问题。比如,为什么做这个项目?有什么优势?市场容量有多大?增长够不够快?如何快准狠地切入细分市场?如果我们不能做好充分准备,自信地回答这些问题,那么便无法给投资人留下良好的印象,进而影响之后的顺利沟通。

我们与投资人见面,就好像是面试,要用最短的时间高效地展示自己的核心价值,并且直截了当地回答对方的提问,而不是表现出不自信,回答问题也模棱两可、犹犹豫豫。只有这样,才能走出成功的第一步——让投资人对我们有兴趣、有信心。

当然,我们必须对投资人的提问充分重视,不轻视每一个问题,不绕弯子。可以在心中打好腹稿,也可以找专业顾问或经验丰富的创业者、投资人来进行指导,模拟提问场景,从而让自己表现得更好。

投资人每天都要接触大量的创业者，希望尽快锁定有潜力的项目，所以他们更希望在短时间内获得最有价值的信息。所以，我们是否重视对方的提问，形成影响的差别非常大。周鸿祎常说："年轻的创业者往往会犯这样的错误，喜欢定性不定量的描述，说了半天却没有多少信息量；喜欢绕弯子，不能直接切入商业核心；常常在假设条件下描述产品的价值。"创业者对于提问不重视，当然不排除经验不足这一因素，但无论怎样，这些人都将因为准备不足而错失赢得投资的机会。

第二，对于投资人的怀疑要有耐心，要不卑不亢。

虽然我们可能已经取得一些成绩，但是投资人依然会怀疑项目的可行性，怀疑团队的运营管理能力，以及是否能实现设想的目标。尤其对于尚未爆发的领域，投资人可能会有更多质疑，提出的问题也更尖锐。

这些都是正常的，因为投资人投资一个项目需要承担巨大的风险，判断失误便会面临巨大损失。所以他们有冒险精神，但更谨慎小心。这时，我们需耐心解释核心问题，比如商业模式、项目的独特优势、技术在行业内的独创性与领先性，以及运营团队的成绩等。

同时，我们还要保持良好心态，不卑不亢，笑对质疑，或者幽默地阐述自己的核心价值，便可以得到投资人的充分肯定和认可。

下面我们以优信拍为例，讲解一下应对质疑的要点。

作为一家二手车在线拍卖公司，优信拍得到了投资方的青睐与信任，短短四年获得多轮投资，而且投资方大多是业内知名的投资机构。2011年8月优信拍成立，由优信互联（北京）信息技术有限公司运营，不到两年时间便获得君联资本、DCM、贝塔斯曼（BAI）以及腾讯产业共赢基金等投资机构的3000万美元投资，完成A轮融资。2014年9月又完成了B轮融资，金额为2.6亿美元，投资人包括华平投资、老虎环球基金等投资机构。

半年后，优信拍又完成C轮融资，全额为1.7亿美元，投资人包括百度领投、KKR、Coatue等投资机构，而华兴资本则成为其独家财务顾问。

优信拍之所以得到众多顶级投资机构的青睐，除了发展潜力、项目优势外，与戴琨和曾真两位创业高管的情商与心态有非常大的关系。在与投资人谈判时，戴琨与曾真总是保持良好心态，即使面对一些外行的问题，也能保持耐心，将问题分析得非常透彻。同时，他们非常幽默，化解了一些质疑、刁难，让沟通变得轻松愉快。

事实上，很多创业者做不到这一点，一遇到投资人的质疑，便怀疑投资人的专业度，或是以为对方在故意刁难，然后就气冲冲地离开；面对投资人的强势，心态受到影响，对自己产生怀疑，无法展示项目优势，更无法将问题解释清楚，结果导致融资计划失败。

第三，保持平常心，放弃应该放弃的。

从一开始我们就需要明白，自己的理想、目标与投资人的目标是不同的。我们追求的是"大目标"，于是尽可能地发展更多业务，开拓更大市场，但是投资人的目标只有一个——收益；我们追求的是一群志同道合的人一起打拼事业，而投资人的目标是打造专业、极致、精干的团队。

所以，在融资过程中，投资人不可避免地要求团队进行取舍，舍掉一些"不必要"的因素。如我们前面的章节中所说，放弃一些我们喜欢的、一心想要做好的业务，或者一起创业、但不具有核心价值的团队成员。这时，我们便需要敢舍敢放，而不是犹犹豫豫、纠结不已。

小米科技致力于打造细分、聚焦的企业。雷军与董明珠辩论时曾说过，小米是一个5000人的团队，1500人做研发工作，3500人向用户提供服务，没有生产和渠道。因为敢于取舍，将精力专注于研发与服务，所以能扬长避短。而这也是小米公司变得大而强的关键，也是受投资人青睐的原因。

另外，我们还需要在其他方面做出取舍，比如股权方面的妥协，为了获得融资，可以多让出一些股权，多给投资人一些利益，但是前提是保持创始人对公司的控制权，保证公司股权结构健康。投资人可以任命一些管理者，但是不允许其过度干涉企业的经营方向、商业模式等。换句话说，为了谈判的成功，我们可以做一些妥协，促使双方达成一致意见，但是必须明确自己的底线，不可因为急切地想要获得投资人的资金，而不断让步，甚至同意一些不合理的要求。

第四，做好成功的心理准备，也要做好失败的心理准备。

做任何事情都有可能成功，也有可能失败，融资也不例外。所以，我们需要做好失败的心理准备，坦然地接受失败，而不是一听到投资人拒绝便灰心丧气、自我怀疑。这对于后续融资是非常不利的。

投资人选择不投资，是出于很多方面的考虑，并不意味着我们的项目没有潜力，也不意味着我们不值得被投资。坦然地面对拒绝，找到原因，解决问题，或者寻求其他投资人，也许能得到意想不到的结果。

有时投资人拒绝投资，也许是为了测试创业团队的抗压能力，或者为了得到更多股权，如果我们因此慌了神，那么对方的目的就达到了。

# 第三章

## 商业计划书

## ——感动自己一文不值，说服对方才是王道

## 第一节　正式介绍——你到底是谁？

虽然在与投资方谈判时我们已经进行过自我介绍，但最终，这一切还是要落实在字面上。只有落在字面上的内容，才有据可查，才是正式的合同。所以，在撰写商业报告书时，第一步就是要进行完善的"自我介绍"，让投资方知道他们是在向谁投资。

对于"自我介绍"，我们并不陌生，但是这一次的"自我介绍"，不仅要让对方认识我们，还要让对方感兴趣，愿意为我们投资。所以，我们所重视的内容未必是对方重视的。能感动我们的内容，未必能让对方有所触动。如果把大量篇幅花在对方不感兴趣的地方，那么这一次"自我介绍"显然是失败的。

想要让投资方愿意投资，"自我介绍"要有条理，能够吸引对方的注意力。按照"自我介绍"的条理和重要程度，不妨按照以下顺序来编写条目，如图3-1所示。

## 第三章 商业计划书——感动自己一文不值，说服对方才是王道

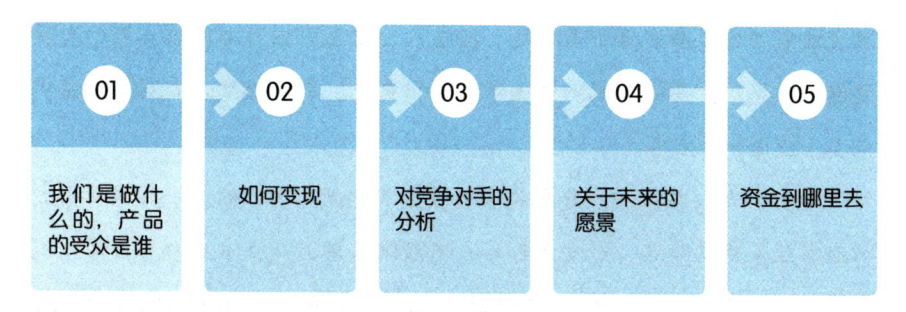

| 01 | 02 | 03 | 04 | 05 |
|---|---|---|---|---|
| 我们是做什么的，产品的受众是谁 | 如何变现 | 对竞争对手的分析 | 关于未来的愿景 | 资金到哪里去 |

图 3-1　自我介绍的顺序

第一，我们是做什么的，产品的受众是谁。

产品生产出来，就是要销售的。没有消费者，就没有变现的可能性。但是，如果我们的市场不是"蓝海"，那么就要面临同行的竞争。如何在激烈的竞争中脱颖而出？要有过人之处才行。

我们哪些方面比同行更强，我们产品的哪些方面比同行更能吸引用户，为什么用户非选择我们不可？这些都是最初的商业计划中要回答清楚的问题。

每个人面对不同的人时，会有不同的表现和情绪。在面对过去一起玩耍的同学、朋友时，心情显然与面对父母、同事、老板的时候不一样。离开学校以后，这种需求还会变得明显而强烈。针对这种情况，人人网横空出世。

人人网能帮我们找到过去的同学、校友，也能通过千回百转的圈子，让我们找到那些有相同经历的陌生人。这样的产品满足了许多人的社交需求，因此用户数量暴增，成为当时国内最成功的社交平台。

但是，随着互联网的不断发展，人们的需求也在不断变化。有人认为，中国人骨子里很保守，那些国外社交平台着重于展示自己，在中国是

不可能成功的。事实可不是这样，随着人们对互联网日渐熟悉，展示自我逐渐变成更加重要的需求。让更多人认识自己，成为网红、大明星，变成很多人最迫切的需求。

此时，人人网1000名好友的限制显然不能满足用户的需求，微博则成功地抓住了用户痛点。好友变粉丝，不限制人数，而且不必添加好友就能拥有展示自己的机会。这些特点很快就让大量的明星、名人涌入微博，大量的草根网红也开始涌现。面对微博的冲击，人人网有些束手无策。这就是产品定位出了问题，微博显然更好地抓住了用户的痛点，从这个角度击垮了人人网。

只有抓住产品受众的需求，才能让自己有清晰的定位，让投资方更容易认识我们。

第二，如何变现。

不能变现就意味着没有收益，没有收益就意味着投资没有回报。想要让融资成功，就要让投资方看到未来获得收益的可能。现在可以不赚钱，未来的一段时间内也可以不赚钱，但最终，还是要赚钱，并且要能赚很多的钱。

在互联网时代，如何变现一直是个大问题。如今很多体量庞大的互联网企业，都曾被如何变现困扰。他们拥有大量的用户，却很难找到一个稳定的商业模式，找到一条通往财富的路。

作为BAT中的T，腾讯在全世界互联网企业中绝对算得上"庞然大物"，但腾讯的融资之路却非常艰难，主要是因为当时缺少切实可行的变现方式。如今，人们都很清楚，互联网企业，只要拥有足够的用户，即使提供完全免费的服务，也有光明的未来。但在当时，人们的看法并不是这样的。

腾讯当时想将QQ打造成中国最大的社交软件，QQ也确实受到了用户的欢迎。2001年前后，注册人数已经多达一亿。用现在的眼光来看，这简直是一只会下金蛋的母鸡，但除了IDG和盈科外，没有人愿意向腾讯投资。IDG投资以后，还一直想要卖掉腾讯的股份。

直到2001年年中，南非的MIH看到了腾讯的潜力，为腾讯估值6000万美元，同时大量收购盈科和IDG手中的股份，成为第一大股东。到了2002年，腾讯推出了QQ秀，2003年又推出了QQ游戏大厅，开始通过互联网增值服务变现。这时，腾讯的价值开始暴增。当然，也是从那以后，腾讯拥有了足够的资金，不再需要融资。

拥有一亿用户的腾讯，尚且要到有了明确的变现方式以后才能找到可靠的投资方。因此，在商业计划书中，一定要做好关于变现方式的内容。

第三，对竞争对手的分析。

无论产品多么优秀，无论市场多么广阔，没有竞争对手是不可能的。即使现在没有，一旦我们发展起来之后，竞争对手也会如雨后春笋一般从各个角落冒出来。我们的竞争对手是谁，我们潜在的竞争对手是谁，这些都是投资方想要了解的。

拥有竞争对手这不可怕，但不知道自己的竞争对手是谁就很可怕了。不知道竞争对手是谁，不仅表现出我们对市场不够了解，更会让投资方认为我们存在能力上的不足。所以，我们不仅要知道自己的竞争对手是谁，更要知道我们与对手的差别在哪里，将来要用什么样的方式来超越对手。

在商业计划书中，我们要从产品、公司状况、团队这三个方面来分析我们的竞争对手，如图3-2所示。

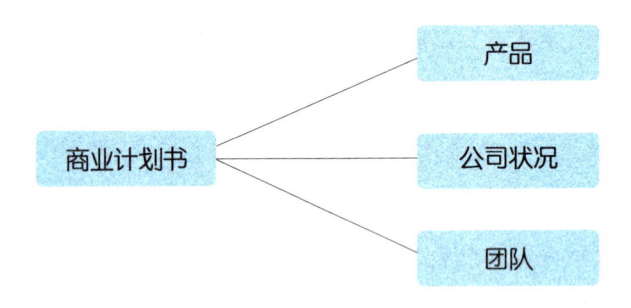

图 3-2 商业计划书中对竞争对手的分析

一是产品。

产品是我们与对手直接交锋的地带。我们的产品好在哪里，成本是多少，服务与对方相比有哪些优势，宣传成本有多少，这些都是非常重要的。只有全面了解了这些内容，才知道要从什么地方着手，并取得胜利。

二是公司状况。

公司状况主要包括营收、现金流等财务状况。分析公司状况时，不仅要包含我们与对手的竞争区域，还要分析对手的子公司及其他业务。因为这些都可能在必要的时候，成为对方的竞争优势。

三是团队。

竞争对手的团队也需要分析。团队领导的个性决定了团队不同的行事方式，经营哲学决定了面对各种情况时会做出的反应。

当我们足够了解对手时，就能在竞争时提前预判对方可能会做出的选择。

当然，要融资的是我们而不是对方，所以客观分析即可，不需要过分罗列出对手的优势，以避免打消我们的积极性。否则，只会让投资方打退堂鼓。

第四,关于未来的愿景。

未来的愿景是许多团队都重视的方面,但对于投资方来说,却没有那么重要。投资方关注的是未来为什么会变好,而不是未来会有多好。

未来为什么会变好?要从几个不同的方面来回答这个问题,投资方才会对我们有足够的信心。我们拥有一个强大而完善的团队,有专业的技术人员,有巧舌如簧的销售人员,有心细如发的财务人员,有经验丰富的行业老手,还有目光长远的团队领导。这样一个配置完善的团队,才能让投资方对我们的未来有信心。

我们所处的行业同样重要,无论团队多么强大,如果现在让我们去销售传呼机,绝对看不到前景。因为传呼机早已经被取代,彻底退出市场。对于投资方来说,足够的市场空间才有足够的吸引力。所以,对于行业前景和市场进行分析,是投资方迫切想要知道的。

优秀的团队造就优秀的产品,再加上广阔的市场,我们有什么理由不成功呢?

第五,资金到哪里去。

我们在前面的章节中已经讨论过收益问题,但那是未来的事情。当前最现实的是,投资方的资金要到哪里去。说起来很简单,用于再生产,招募更多优秀人才,寻找更好的产品、更多的变现渠道。但是,这样的说法太过于笼统,无法让打动投资人。更不要说"短短三句话,让投资方投了18个亿"这样纯粹吸引眼球的说法。

资金的支出不是泼水,在商业计划书里,至少要告知投资人,投入的钱能花多久,花到什么地方。

制订好阶段计划,每个阶段要支出多少费用,要取得怎样的成绩,都需要写清楚,这才是正确的花钱方式。看了这样的计划,投资人才能放心，花掉的每一分钱才有价值。而且，这样也更容易监督团队的发展情况。哪个阶段的目标没有完成，原因是什么，要如何改进，这些内容都说清楚，投资人才会认为我们是可靠的团队。

## 第二节　能赚多少钱比什么都重要

只讨论投资方要投入多少资金，我们要怎么盈利，却不谈投资方能获得多少收益，这显然是不行的。事实上，投资方不仅要知道自己能获得多少收益，还要明确自己享有哪些权利。我们再三强调，投资不是做慈善，不是帮助创业者圆梦，很多团队因为在投资方面前大谈理想而不谈利益，最终导致融资失败。所以，在商业计划书中，一定要明确说明投资方拥有怎样的权利，将来可以获得多少收益，这样才能打动投资人。

投资方具体能获得收益的多少，显然是与融资金额挂钩的。根据估值的多少，投资方要出多少资金，得到多少股份，这些都与投资方的收益挂钩。

所有的创业团队都想提升企业的估值，因为估值高就意味着我们能用较少的股权换取更多的资金。而投资方的意愿恰恰截然相反，投资方想要用更少的资金换取更多的股权，甚至是团队的控制权。这样一来，双方就存在第一个矛盾点，需要在谈判中尽可能求同存异。但是，企业估值不能随意，漫天要价、讨价还价这一套显然是不行的。我们要抓住的关键点是未来发展、项目运营以及收益周期等。

投资人投资是为了赚钱，而我们融资也不是为了让别人白白切走自己的"蛋糕"。双方共同的目的是让企业持续发展，直到我们的创意、产品在短时间内取得预期收益。那么，投资方提供的资金至少要能保证项目正常运营一段时间，直到实现盈利，甚至达到突破。而这个时间的长短，就要在谈判时商定。一般来说，一年到两年所需的运营成本是比较合理的融资额度。一年的时间太短，团队在运营时难免出现手忙脚乱的情况。一忙就容易出错，创业团队一般不具备很强的抗风险能力，很容易因此失败。这种情况不仅我们不愿意看到，投资方也不能接受。

那么，为什么不把时间加长一些，以便从投资方手中获取更多资金呢？从企业自身的角度来说，或许企业规模不大，实力不强，所以估值也比较低，但一年以后呢？两年以后呢？甚至更长时间呢？团队会不断进步，实力也会变得更加强大。到那时，估值很有可能发生天翻地覆的变化。然而目前这个阶段，商业计划书并不能估算出未来我们的发展状况，如果按照现在的估值把股权交给投资方，那么等到估值增加时，企业可能会遭受损失，同样不利于后续的融资。

对于投资方来说，并不是每次投资都能赚得盆满钵满。有些项目的投资看不到回报，还有些项目的投资是亏损的。在几年的时间中，如果投资没有收回成本，甚至看不到任何起色，那么投资就彻底失败了。如果投资人进行两年甚至更长时间的长线投资，除非能获取更多的稳定收益，否则这样的投资行为很可能是高风险、低回报。

接下来，我们需要与投资人协商应该融资的金额，而这个金额与估值的比例，就是投资方获得股权的比例。

计算好股权比例以后，我们就必须确定投资方应该获得多少收益这个问题。这是投资方最感兴趣的部分，也是融资过程中非常关键的一步。

收益的分配不是简简单单地将收益按照股权比例分配。在商业计划书里，我们要明确究竟哪些收益是可以分配的，具体比例是多少，收益究竟应该以哪种形式进行分配，以及年末分配后剩下的盈余是多少，盈余的用途是什么等。

能够分配的收益，构成非常简单。一般是由本年度的净利润、上一年未分配的利润，以及从税后利润提取后形成的收益积累，也被称为盈余公积。分配利益的节点并不一定就是企业获取收益的时候，如果本年度还没有获得收益，而上一年未分配的利润也不够分配，那么就要提取盈余公积来支付股东的分红。

同样，每年分配的方向和方案并不是完全按照企业的想法去执行。对于收益的分配，法律上有严格的规定，一般来说应该按照以下顺序进行分配：

弥补以前年度亏损；

提取法定盈余公积金；

提取法定公益金；

支付优先股股利；

提取任意盈余公积金；

支付普通股股利；

转作资本（股本）的普通股股利。

在分配收益时，我们必须按照以上顺序进行。所以，如果上一年企业的亏损没有弥补上，那么法定盈余公积金和法定公益金，都不能被提取。在提取法定盈余公积金和法定公益金之前，也不得向提前股、普通股的股东分配股利。

## 第三节　天下无不散的宴席，融资也一样

融资是一种特殊形式的交易，并不是融资活动完成后，创业团队就与投资方绑定了，投资方可以入场，也可以离场，只是离场时的心情大不相同。如果赚得盆满钵满，投资方离场时一定是心满意足的；但有时投资方不仅没有获得任何收益，反而还亏损了不少，那么自然只能垂头丧气地离场。

但无论是哪一种情况，离场与入场一样，都要遵守一定的规则，避免为创业团队和投资方带来不必要的损失。因此，投资人什么时候可以离场，怎样离场，都有必要写进商业计划书中。

投资方退出的方式包括股权转让、企业上市、回购、清算等，如图3-3所示。在商业计划书中，应该明确标注出来，让投资方清楚地知道自己退出的时间节点，进而可以适时退出，实现变现，或者减少损失，规避风险。那么，这些退出方式具体该如何操作，需要遵守哪些原则呢？

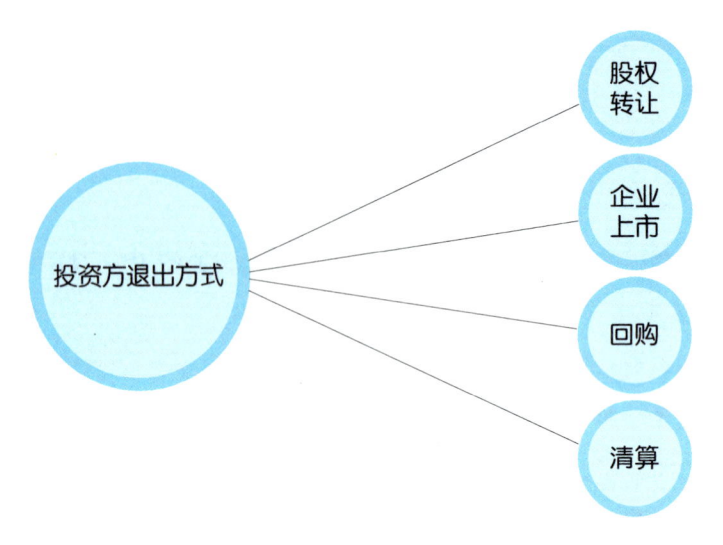

图 3-3 投资方退出方式

第一，股权转让。

股权转让是最简单、最常见的退出方式，在融资中时有发生。这种方式非常简单易懂，投资人在投资之后根据投资金额获得相应的股权，然后将这些股权作价转让给其他想要收购该企业股权的股东。当转让彻底完成以后，意味着投资方退出。

这种方式出现的时机相对温和，原因也多种多样。也正是因为这一点，许多投资人在转让股权时，不愿意彻底地退出，往往会保留少量股权以观后效。

在股权转让过程中，以下三种情况需要注意，如果处理不当，很容易引起纠纷。

（1）预约转让是有条件的，只有不具有确定性和约束性的股权，才能进行预约，预约合同才能生效。

（2）在商业计划书中，应标注投资方想要离场、进行股权转让的时间节点，并约定哪些股东拥有优先购买权，购买价格应该规定在什么范围内。

（3）如果已经签订了股权转让合同，但并没有注明准确的转让时间，那么受让方随时有权利要求转让方进行转让。

第二，企业上市。

企业上市是投资方最希望达成的离场方式，企业公开上市以后，私人股权就会转化成公共股权。在这一过程中，股权价值将获得极大提升，促使投资人获得更多收益。

这种退出方式对于企业与投资人双方都是有利的，对于企业来说，有了新的融资渠道，确保在投资方离场时能保证团队的独立性。而对于投资方来说，出售增值股权之后将获得巨大的收益。

2003年，携程网在美国创业板纳斯达克上市，上市当天就展现出了良好的势头，收盘价相比上市价，近乎翻倍，成为自2000年以来上市当天表现最好的股票之一。而携程网当时的主要投资人，更是从中获得了922万美元的收益，回报非常惊人。

当然，高回报意味着高风险，想要以这种方式离场是非常困难的。只有那些真正强大的团队和有眼光的投资人，能以这样的方式离场。大多数团队与投资人不一定能走到上市这一步，即使真的上市了，还要面对漫长的周期、繁琐的手续和高额的费用。

第三，回购。

如果投资方对于团队前景并不看好，或者因为某些特殊原因不得不离场，那么其他股东、团队高层，就可以回购股权，让投资方退出。

团队经过一段时间的发展，股权价值也发生了变化，因此回购的价格不能与投资时获得股权的价格保持一致。

其他股东可以用两种方式来回购投资方手中的股权，第一种是按照投资方支出的费用，以复利率8%作为回报，再加上利润分红，作为回购的总资金；第二种是在股东大会和投资人同意的情况下，以第三方评估的股权价格进行回购。

在商业计划书中，回购也要设定条件。当投资方认为投资出现巨大风险，并不看好创业团队的前景时，可以在创业团队未能达成某个目标，或者遭受了某种程度的损失时，要求团队以商议好的价格进行回购。这样的协议条款能有效保证投资方的利益，约束创业团队。

第四，清算。

清算是投资方最糟糕的离场方式，一旦出现清算，就意味着创业团队的失败，也意味着投资方的失败。在这种情况下，投资方手中的股权价值会大打折扣。清算结束以后，投资方往往不会获得任何收益，甚至还会遭受巨大的损失。

总之，天下无不散的宴席，但最后散场的时候，是心满意足、收获满满，还是垂头丧气、一无所获，就显得很重要了。所以，我们要深谋远虑，制订好投资人退出的计划与合同条款，既要保障自己的利益，又不损害投资人的利益。

## 第四节　好内容也需要点缀

"好马配好鞍，红花配绿叶"，我们撰写商业计划书时也是这样。无论内容有多好，多么有意义，缺少修饰、点缀也是不行的。因为好的修饰与点缀，能大大提高商业计划书的阅读感，不会让投资人看得乏味，提不起任何兴趣。

换句话说，为了吸引投资人的注意，提高融资的成功率，我们需要想办法提高商业计划书的可读性，增加一些修饰与点缀。那么，哪些办法能显著提高商业计划书的可读性呢？总共有四点，如图3-4所示。

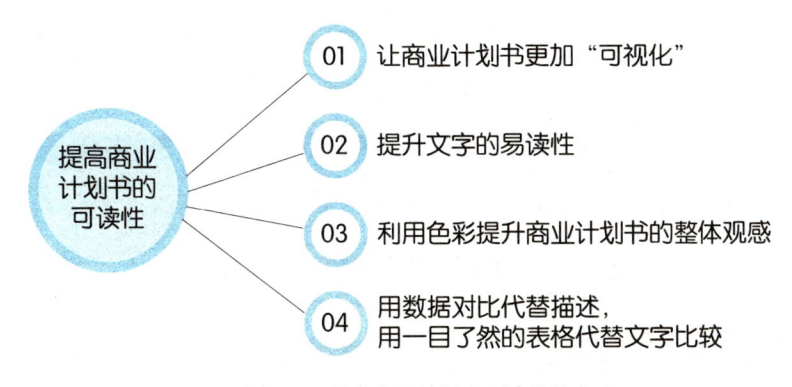

```
提高商业          01  让商业计划书更加"可视化"
计划书的
可读性            02  提升文字的易读性

                 03  利用色彩提升商业计划书的整体观感

                 04  用数据对比代替描述，
                     用一目了然的表格代替文字比较
```

图 3-4 提高商业计划书可读性的方法

第一，让商业计划书更加"可视化"。

在商业计划书中，必然会有大量的数字和文字，这就导致人们的阅读体验非常差。因为一大堆密密麻麻的文字，再加上复杂繁琐的数字，很容易让人产生乏味的感觉。而且，纯文字的计划书，从观赏的角度来说也过于简单，体现不出高级感。

如果在文字中插入图片，作为文字的陪衬，那么情况就会好得多。相比纯文字，图片显然又为报告书增加了一种表达方式。文字与图片相辅相成，能让阅读变得更加容易。

同时，图片可以增强计划书的高级感与层次感。图片内容的选择与修饰方法，远比文字要多，带来的视觉冲击也更大。在很多情况下，借由图片来提升计划书的高级感、层次感,有助于提升投资方的好感。

第二,提升文字的易读性。

虽然我们提倡在商业计划书中多使用图形、表格,但这些表现形式无法完全替代文字。

计划书中最重要、最核心的内容,还是要用文字来表述。为了保证投资方能更好、更舒适地阅读,不能把文字以最简单的格式罗列出来。大量密集的文字很容易让人望而生畏,头皮发麻,而有逻辑、有条理、有设计感的文字,则可以让阅读变得轻松舒服。

以下三种办法,可以提升文字的易读性,如图3-5所示。

图 3-5 提升文字易读性的办法

(1)利用不同的标题来区分层次。

分层描述是让文字变得有逻辑的最简单的方法,当大量的文字堆积在一起的时候,很难分清楚究竟哪一条属于哪个层级。因此,使用不同形式的标题,可以让层级一目了然。

比如,中文数字可以作为大标题,而阿拉伯数字可以作为小标题,再通过不同的粗细、大小、标点符号等加以区分,文章就变得更加有条理了。

(2)拉开行间距,保证在阅读大量文字时不会错行。

都说眼见为实，但看得多了、久了，眼睛也会出问题。文字越是密集，阅读起来难度就越大。适当加大行间距，能有效防止因为阅读而产生的疲劳感，避免出现看错行的情况。

（3）简练文字，多分段。

段落存在的意义就是为了凸显出每个部分的独立性，大大提升文字的易读性。多分段，不仅能让文字看起来更加美观，还能提醒投资方，接下来要进入下一个内容了。

当然，有些内容并不是三言两语就能说清楚的。这个时候，就要尽量化整为零，把大段的文字浓缩一下，尽量简练文字。

第三，利用色彩提升商业计划书的整体观感。

色彩在人们的生活中扮演着非常重要的角色，不同的色彩给人的感觉是不同的，对人的刺激与影响也是不同的。

连锁快餐厅里经常使用橙色的灯光，因为橙色能让人更有活力，让人心情愉悦，更有食欲。同时，使用橙色的灯光，能减少顾客留在餐厅里的时间。绿色能让人产生清新、自然、健康的感觉，许多医疗保健行业，很喜欢使用绿色。卡其色能让人产生亲切、容易接近的感觉，白色让人感觉纯净，黑色给人高贵的感觉……

既然颜色有如此明显的功效，能不能在商业计划书中多添加一些颜色，来达成我们想要的效果呢？答案是不能。物极必反，大量的颜色堆积到一起，很容易给人浮夸、不稳重的感觉。所以，如果我们想要给投资方以成熟、稳重印象，就不能使用太多的颜色。一般来说，最好选择三种颜色，这样不仅能让版面分出层次，还能通过不同颜色的对比，提升商业计划书的质感。

第四，用数据对比代替描述，用一目了然的表格代替文字比较。

没有什么比数据更有说服力了，再多的语言描述，也不如一组数据摆在眼前更有说服力。因为数据简单且客观，而且可以根据数据的变化来寻找规律，进而做出正确的判断与预测。

投资方想要了解我们的现在，那没有什么比数据更有说服力了；投资方想要推断我们的未来，也没什么比数据更能帮助他们。所以，提供足够详细的数据，就能大大提升商业计划书的说服力。

同样，利用表格进行对比，也可以让商业计划书更明了、更清晰。只有文字描述，投资方不能快速明确信息的变化以及我们与竞争对手的优势对比，但是利用表格进行对比，把数据、信息摆放在一起，就可以让投资人一眼看到我们的发展势头和优势。所以，表格的使用在商业计划书中是必不可少的。

总体来说，合理使用色彩、文字、数据、图片等形式，能极大提高商业计划书的易读性。再加上干净整洁的排版，必然可以为商业计划书增添光彩，进而提高融资成功的概率。

## 第五节　逻辑与框架——吸引投资方目光

商业计划书是我们与投资方沟通的最好载体。在阐述商业计划时，只阐明项目是什么，可以获取多少收益，有什么样的发展前景是远远不够的。如果"点"太散，缺乏完美的逻辑与框架，计划书根本无法吸引投资方的目光。

实际上，目前投资圈对商业计划书有具体的定义与共识，绝大部分投资人认为商业计划书应该是关于创业者商业构想和计划的描述性文件，并且具有一定的格式、逻辑以及框架。如果我们只是把它做成产品说明书，或者只是简单地描述产品，再发表自己的"雄心壮志"，类似"在几年内实现多少盈利""这个市场上还没有竞争对手，我们一定会做大做强""我将成为下一个马云"等，那么投资方只会把我们拉入"黑名单"。

同样，如果商业计划书只是讲故事，把团队建立、企业发展的所有经历甚至是创始人自己的经历都详细地讲述一遍，即无效信息一大堆，而有效信息少之又少，很难引起投资方的兴趣，甚至有可能他们只是稍微浏览一下，便把这份商业计划书随手放在一边。

所以，在呈现商业计划书时，不仅要让人看得懂、有重点，更要有逻辑。在逻辑与框架层面上，尽量呈现并解决以下几个问题，即痛点、团队、解决方案、运营逻辑、商业模式、竞品及竞争优势、股权结构、融资规划。

具体来说，就是我们为什么要做这件事情，该产品、领域有哪些独一无二之处，用什么方式去做，为什么是我们来做。

团队成员具有哪些专业性，有哪些与其他团队不同的人，为什么这个团队能把事情做好。

产品的落脚点是什么，用户画像什么样，目标市场又在哪里。

产品是如何运营的，如何让更多人使用与信任，未来怎样盈利。

市场上有没有类似项目，与竞争对手或者潜在竞争对手相比，我们的优势在哪里。

企业的股权架构是怎样的，谁是团队领导，谁是股东，股东有哪些权利与义务。

下一步的布局，包括产品、服务体系、销售、生产基地方面有哪些规划，需要多少资金能够实现所设想的目标。

融到的资金计划分配到哪些地方，为了获得这些资金，计划付出什么代价，什么时候可以盈利。

按照上述逻辑与框架，把问题说清楚，那么我们的商业计划书的内核就已经很突出了。当然，这里只分析逻辑，不是说商业计划书的形式，而是强调其最核心的逻辑。把这个问题说清楚，那么只要稍微用心一些，注重格式、设计，那么便可以呈现出一份完美的商业计划书。

简单来说，我们在制作商业计划书时，要梳理自己的商业逻辑，力求做到逻辑思维清晰、观点表达鲜明、内容精炼且突出核心。这样一来，投资方才能进入我们的逻辑和语境之中，不会看了半天仍一头雾水。

当然，在这个逻辑与框架的基础上，我们仍然需要注意以下五个问题，如图3-6所示。

商业计划书需要注意的问题：
01 要做到结构化思考，形象化表达
02 关于格式，最好使用PPT
03 关于产品介绍，要直击核心，不可假大空
04 进行市场分析时，要突出对行业的理解和认知
05 切忌套用模板

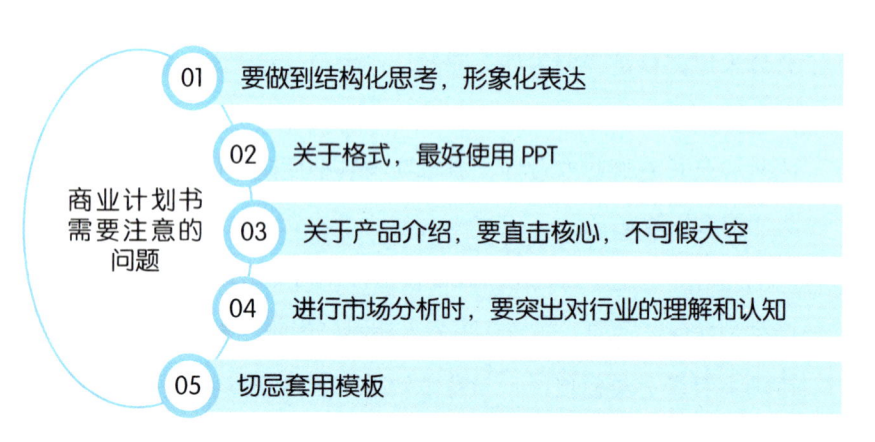

图3-6 商业计划书需要注意的问题

第一，要做到结构化思考，形象化表达。

所谓"结构化思考"，就是从需求出发系统地阐述项目成功的各种关键因素。通过简单几句话把产品痛点说清楚，尽可能展示出产品打动

人的细节和独特价值。如果有快速提升的数据，一定要展示出来，因为投资方最喜欢看的就是数据，尤其是运营数据。

而所谓"形象化表达"就是尽可能用数据、图表来呈现项目的价值和我们做出的成绩。因为数据与图形，让人一目了然，还节省时间。这一点在前面的章节中我们已经讲过，这里不再赘述。

第二，关于格式，最好使用PPT。

绝大多数投资人更喜欢PPT，因为它采取图文结合的方式，表现内容更丰富，查看更方便。如果再加上思维导图，那么商业计划书会显得更有逻辑性。

第三，关于产品介绍，要直击核心，不可假大空。

很多创业者喜欢描述想法与创意，而投资人最想要的不是创意。创意再好，如果没有落实到如何实现、如何带来收益的层面上，也只是空谈。同时，在商业计划书中千万不要夸张，如"我们是最好的，我们要成为整个行业的'独角兽'"……这很容易给对方留下假大空的印象，进而导致融资失败。

第四，进行市场分析时，要突出对行业的理解和认知。

我们需要描述产品背后的商业价值究竟有多大，未来可以占有多大的市场份额。但是，在进行行业分析时，不能简单地罗列数据，因为对于宏观的市场数据，投资人比任何人都清晰，这些对他们来说并没有吸引力。

所以，在描述市场前景时，我们应该详细描述自己对行业的理解和认知，讲解项目如何抓住用户的痛点，或者能够为微观市场带来哪些变化。

第五，切忌套用模板。

每个项目都有自己的特色，其核心价值是不同的，所以我们切忌使用模板，或采用与其他人相同的格式，这样一来便无法展现商业计划书的差异化，无法突出项目的核心和特色。

简而言之，如果我们想要突出自己的商业逻辑，能够在战略上打动投资方，就需要注重商业计划书的逻辑与框架，拿出一份高质量的商业报告书。

## 第六节　计划写得好，误区要规避

商业计划书写得好与坏，在一定程度上影响着我们融资的成功率。在完成商业计划书时，大到展示产品、团队，披露商业模式，优化逻辑与框架，小到版式设计、色彩点缀，以及标点符号的使用，都能体现我们的专业度与重视度。

因此，想要完成一份完美、有说服力的商业计划书，我们需要对自己的商业逻辑进行梳理，同时避免进入一些常见的误区，如图3-7所示。

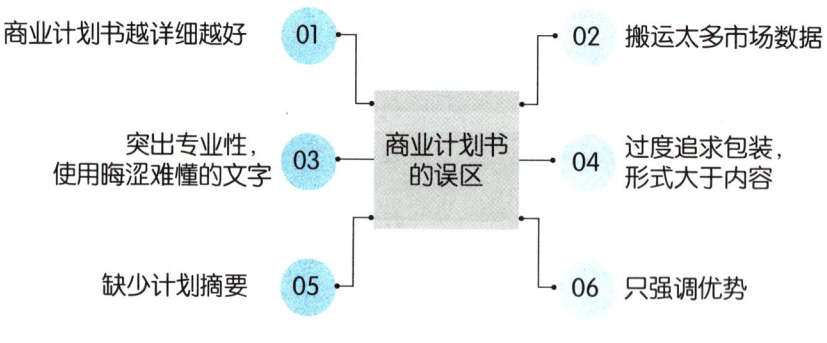

01 商业计划书越详细越好
02 搬运太多市场数据
03 突出专业性，使用晦涩难懂的文字
04 过度追求包装，形式大于内容
05 缺少计划摘要
06 只强调优势

图 3-7　商业计划书的误区

第一，商业计划书越详细越好。

许多创业者尤其是经验不足的创业者，在撰写商业计划书时总想把自己想说的都表达出来，包括产品详细介绍、技术细节，以及每个季度的业绩成果等。一些创业者担心投资人对于自己的项目不了解、没兴趣，还会罗列一些专业术语、详细数据来吸引他们的注意力。于是，商业计划书多达几十页，内容很全面，但细节太多，重点不突出。

其实，一份好的商业计划书虽然对页数没有硬性规定，但不需要太多，大概10~20页最合适。能明确阐述我们的项目情况、行业背景、市场现状、商业模式以及团队优势，说明自己的财务状况以及融资需求等问题，而且要重点突出。

页数太多，照搬别人的套路，把所谓的产品、市场、数据、团队、融资金额等问题都详细呈现出来，结果付出了很多时间和精力，投资人却连看的欲望都没有。

除此之外，如果产品信息、核心技术阐述得过于详细，还可能导致信息泄露等问题。

第二，搬运太多市场数据。

投资人喜欢看数据，也喜欢我们用数据来说话，而不是充斥一大堆理论和慷慨陈词。如果一份商业计划书只有文字，没有数据支撑，那就不具备投资参考的意义，而且不容易吸引投资人的目光。

然而，这并不意味着我们可以搬运太多市场数据，对于这些数据，投资人比我们更了解。如果只有数据，没有分析，不能通过这些数据证明自己的说法，结果也会非常糟糕。

同样，我们可能会找到一些二手数据，以支撑我们关于市场容量、市场发展走向的观点，于是把这些数据都加上，并且注明来源。但是这些数据根本没有太大的说服力，我们最好罗列自己企业所在细分领域的真实数据，比如扩大的用户数量、一段时间内获得市场空间的增长率、自底向上计算潜在市场规模等。

计算潜在市场规模有两种方法，一是自顶向下，倾向于宏观的数字，偏理论化；二是自底向上，则强调先找到实际符合用户特点的人。也就是说，后者更具有指导性，更吸引投资人的注意力。所以，想要把握市场的成长性，我们不能只是引用、搬运一些数据，而应该运用自底向上的方法进行计算，自己去调研、审查与统计。

我们还可以进行市场测试，把所需要的数据都验证一遍，验证的假设越多，数据就越具有说服力。

第三，突出专业性，使用晦涩难懂的文字。

虽然投资人掌握很多行业的专业性知识，但是毕竟不是业内人员，不能做到精通专业术语、专业技术。所以，撰写商业计划书时最好避免使用晦涩难懂的专业术语、技术理论以及缩写，而是应该用通俗易懂的词汇来描述。

如果商业计划书连投资人都看不懂，又怎么能判断项目的价值，进而投资呢？所以，把专业性问题，用通俗易懂的方式阐述出来，且重点突出，展示投资人急于想了解、感兴趣的内容，这样的商业计划书才不会被搁置在一旁。

第四，过度追求包装，形式大于内容。

在前面的小节中我们说过，撰写商业计划书时需要对其进行适度包装，添加一些修饰与点缀，这样一来可以大大提高商业计划书的易读性。适当的修饰、点缀是可以接受的，但是如果过度追求包装，导致形式大于内容，无异于"捡了芝麻丢了西瓜"。

绿叶是用来衬托红花的，只有好的包装，没有好的内容，不能突出核心问题，那么商业计划书也就没有任何价值。

第五，缺少计划摘要。

商业计划书的计划摘要也十分重要，它能让投资人一眼看到自己感兴趣的信息。一般来说，计划摘要很精炼，是从整个计划书中摘录出与筹集资金相关的细节，即我们最想突出的重点，以及投资人最想看到的内容。

如果缺少计划摘要，而投资人没有时间仔细阅读整个商业计划书，很有可能让我们错过大好机会。

第六，只强调优势。

很多创业者在商业计划书中只强调项目的优势、团队的优秀，甚至自夸团队与产品没有任何问题，也找不到任何竞争对手。事实上，这很危险。

投资人都知道，绝大部分项目，即使是很有市场潜力的，也不可能没有缺点，更不可能不存在竞争对手。如果在商业计划书中表现出来的是这种情况，那么只有两种可能——一是创业者夸大其词；二是他们没有丰富的经验，认识不到市场与行业中的潜在的风险与陷阱。但无论怎样，这都加大了投资的风险性，促使投资人无法真正形成信任感，进而拒绝投资。

# 第四章

## 天使投资

### ——所有"恶魔",都曾是"天使"

## 第一节　天使，也分亲疏远近

天使投资人并不是真的"天使"，做不到不分亲疏远近，平等对待每一位创业者。我们寻找天使投资时，自然希望能遇到真正的"天使"，能得到其全力支持。然而找到有投资能力的人，然后与其建立良好合作关系，让其成为我们的天使投资人，这样做周期太长，并且困难重重。那么，不妨把这个顺序调整一下，先找到与我们关系比较好的朋友，然后将其变成投资人，这样显然容易得多。

从熟人当中寻找投资人，并不罕见。许多创业团队刚刚起家时，都是靠熟人投资。因为感情的因素，熟人自然更容易相信我们，也更愿意投资。而从另一方面来说，如果我们对自己的项目有信心，认为必然会"火爆"起来，也应秉承"肥水不流外人田"的原则，毕竟让别人赚钱不如让亲朋好友赚钱。

杰夫·贝佐斯是亚马逊创始人，曾一度成为世界首富，而他的起步，远比现在许多创业团队要更加艰难。贝佐斯最开始冒出创业的想法时，已经是华尔街的一名金领。在即将拿到年终奖的时候，他毅然决定投身互联网，与硅谷的两名软件工程师赫伯和卡凡一起组建亚马逊公司。不料，被他寄予厚望的赫伯却临时变卦，决定退出，这样一来，公司就只剩下贝佐斯和卡凡两个人。

公司的办公室设在车库里，公司的资金是贝佐斯自己仅有的一万美元。无论是人员、工作环境、启动资金，都难以称得上优秀。而且资金问题，也成为贝佐斯面前的一个大问题。租用新的办公室需要钱，招募更多的人员需要钱，购买各种软硬件设备更需要钱。可是这些钱从哪里来？贝佐斯感到很头疼。他迫切需要寻找一位真正的天使投资人，为当时还不被大众接受的互联网创业投资。

贝佐斯明白，想要找到天使投资最快的办法就是从自己的身边人着手，而他选中的对象是自己的父亲——麦克·贝佐斯。父亲拿出10万美元，购买了亚马逊的股票，这笔钱让贝佐斯又坚持了半年，而且起到非常关键的作用。半年以后，贝佐斯就找到了20多位投资人，为亚马逊提供了近百万美元的投资。一年以后，互联网产业兴起，亚马逊一举吸纳了7000万美元的投资，成为互联网商务网站中的佼佼者。

作为创业者如何更容易地找到真正的天使投资人呢？其实，我们的一生中会结识很多人，而能为我们投资的人或许早就在其中，我们可以从以下人群中寻找天使投资人，如图4-1所示。

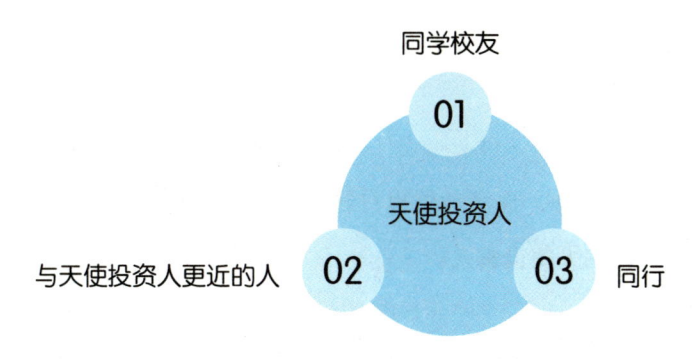

图 4-1 能够找到天使投资人的人群

第一，同学校友。

校友是非常宝贵的资源，人们常说高考决定命运，进入哪一所高校不仅决定了我们能学到什么，更决定了与我们同行的人是谁。进入一所好的高校，意味着身边认识的人大多都是具有独特眼光、思维、背景和强大能力的人。

这些人中，有人事业起步早，有人事业起步晚，有人天生就含着金汤匙。而凭着对彼此的了解，以及当年深厚的同学感情，让其成为天使投资人并不是不可能的事情。

即便是同龄人中没有能帮助我们的人，那些已经毕业的校友，有些已经在自己的领域中取得了一定成就，找他们成为天使投资人，也是非常好的策略。因为校友关系，让我们之间有着一种天生的亲近感，在人的潜意识中，更容易接近并信任与自己背景相似的人。

老张从事音乐行业多年，对于某个品牌乐器的进口业务十分看好。但苦于自己手中的积蓄不够，迟迟没有行动，想着一边筹集资金一边寻找投资人。一次，老张应邀参加了同城校友的聚会，在聚会上认识了一位学长。这位学长不仅对老张未来的事业很感兴趣，还愿意利用手中的人脉资源为老张铺路。这样一来，老张不仅解决了资金问题，还在寻找供销渠道时减轻了不少压力。

除了同学校友外，许多高校也有属于自己的创业基金，我们也可以让学校成为自己的天使投资人。

第二，同行。

都说同行是冤家，实际上，只有同行最了解同行。当大家利益一致时，竞争关系就变成合作关系，获得投资的可能性就大大增加了。

很多人认为找同行投资很困难，自己认识的同行本就不多，更没有人情上的来往，有的甚至还存在矛盾。其实，"同行"这一词的范围很大，并不仅仅包括曾经和我们在同一领域、同一行业直接竞争的人。

在同一领域中，有先行者，有后来者。作为后来者，我们会遇到已经成为行业佼佼者的前辈、愿意提供信息咨询的高人、深谙行业知识的相关人员，以及经常接触的客户等。大家的具体工作可能并不一样，但可以说都在同一领域之中。

这些人如果能成为我们的天使投资人，不仅能为我们注入急需的资金，还能在其他方面给予指引、建议与鞭策。比如，一定有我们不知道，但客户非常了解的行业信息。有了他们的帮助，创业的道路会更加平坦。

除了同一领域内的同行，我们还有同一职位的同行。我们是程序员，就有其他和我们一样的程序员。大家服务的并不是同一个企业，但工作内容都很接近。我们是会计师，其他公司也有会计师，大家虽然从来没有彼此竞争，但每天都在与数字打交道。

这样的同行与我们有共同话题，彼此更加了解，无论是创业还是生活，都能找到相同兴趣爱好、理想抱负等。利用这些相同点，可以拉近彼此的感情。除此之外，大家长期从事同一职位，思考方式也会接近。我们认为能成功的项目，也能引起对方的共鸣，而这也更容易让对方支持我们，进而成为投资人。

第三，与天使投资人更近的人。

有人有投资意向，有人有融资意向，但两者可能因为种种原因，阴差阳错，没有相遇。在正确的时间遇到正确的人，才能让获得成功。一旦错过，错失的也许不只是一次投资机会。

有些人总是比其他人幸运一些，能在正确的时间遇到正确的人。

想要融资时，遇到想要投资的人，于是双方一拍即合，融资过程简单顺利。如果我们还没找到有投资意向的人，不妨与这些幸运的人接触一下。他们刚刚融资成功，了解谁真正有投资意向，谁愿意投资某个行业。

即使投资人刚刚投资过，没有足够的资金，或者投资意向不明确，也不要紧。"物以类聚，人以群分"，刚刚投资过的人，还会认识其他想要投资的人，毕竟每个领域都有自己的圈层。有人从中牵线搭桥，融资就会更容易成功。

总之，"天使"也分远近亲疏。那些与我们越亲近、越了解我们的人，越容易成为我们的天使投资人。当找不到投资人时，不妨打开手机通讯录，翻翻微信朋友圈，看看各个社交平台，从身边的人入手，也许其中就有我们的"天使"。

## 第二节 寻找陌生的"天使"

"不如意事常八九，可与人言无二三。"世界上的事情并不总能如人所愿，所以心想事成才能成为一句常用的祝福。融资是从别人口袋里掏钱，拿来发展自己的事业，难度更是可想而知。所以，在自己的朋友圈、人脉资源里，找不到能为自己投资的天使投资人是很正常的。这时，我们就要去寻找陌生的天使投资人。

随着创业风潮的兴起，融资与投资不仅在方式上呈现出多样化，希望成为天使投资人的企业家、投资机构也越来越多。许多平台都整理出大量希望成为天使投资人的名单,只要我们注册成为会员,稍微花上一些费用,就有机会发现这些人。

这份名单往往很长,长到让人眼花缭乱。但别高兴得太早,那些真正愿意投资,在投资界颇有名气的投资人,每天都接到无数创业团队的电话、邮件,收到无数份商业计划书。想要从无数竞争者中脱颖而出,需要有一定实力,还要懂一些策略与技巧。如果只是盲目地寻找,普遍撒网式联系,那么无疑很难找到真正想为我们投资的人。

其实,只要我们能按照三个方法去做,便能大大提高获得陌生天使投资人投资的概率,如图4-2所示。

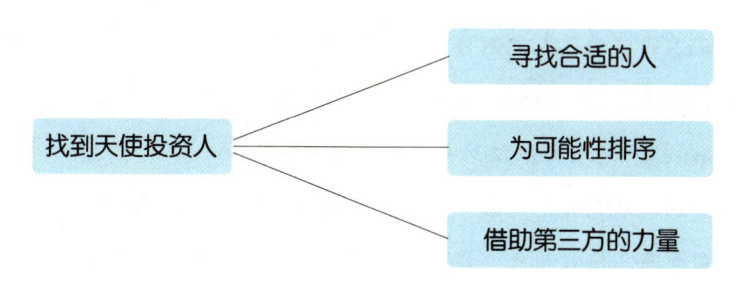

图4-2 提高陌生天使投资人投资概率的方法

第一,寻找合适的人。

什么叫合适的人?愿意为我们投资的人当然就是最合适的人。我们要获取这些投资人的详细资料,从兴趣爱好到投资经历,都要一一琢磨。

每个人的生活、工作、行为习惯,都有轨迹。天使投资人喜欢投资的项目,也各不相同。那么,在搜集天使投资人资料时,就要着重寻找那些经常投资自己所在领域、类似项目的人。他们显然更喜欢我们的创业项目,更看好我们的未来,也更愿意投资。即使暂时不投资,也会因为对项目感兴趣，而为我们介绍其他的投资人。

如果对方已经积累了大量投资成功的经验，那么融资成功后，我们不仅可以得到企业经营所需要的资金，还可以得到对方的指导，让自己少走一些弯路。

第二，为可能性排序。

创业最缺的就是时间和资金，而寻找融资的过程，就是花时间来找资金。早一天找到资金，项目就能持续运营，迈上一个新台阶。而晚一天找到资金，项目发展就会受限，一旦资金链断裂，团队很可能会因此而解散。

SpaceX的成功让人们侧目，过去航天领域都是由各个国家机构主宰，而SpaceX打破了这一局面，让个人航天梦拥有了可能性。然而，看似风光无限的SpaceX，也曾经仅仅只差几天就宣告解散。

埃隆·马斯克并不是第一个拿出高额资金投入航天业的富翁，之前有很多富翁也满怀信心而来，最后折戟沉沙，黯然离去。可见，航天业对资金的需求远比其他行业更加夸张。

SpaceX在解决火箭推进器问题以后，很快就接到了美国国防部的订单，毕竟他们的报价比美国国家航空航天局便宜多了。但是，火箭升空可不是那么容易的事情。一旦引擎出现故障，那么从排查、修理、组装、测试，到最后发射，整个环节对于当时的SpaceX来说要花上近一年的时间。与此同时，SpaceX还要研发新的技术，调整现有的技术，这一切都让其消耗大量的时间和金钱。

原定于2004年发射的火箭，直到2006年才尝试发射。结果，这次发射还没有成功。发射25秒后，承载着SpaceX数年心血的"猎鹰一号"就坠落了。虽然第二次发射在一年以后实现了，然而这一次结果更糟，"猎鹰一号"只飞行了几分钟，随后就开始燃烧，最后在空中爆炸。

第三次发射，依旧没有成功。一直到第四次，"猎鹰一号"才成功地将一枚卫星送上了太空。与其说这是成功，倒不如说是回光返照。当时的SpaceX已经弹尽粮绝，马斯克也因为特斯拉糟糕的产能和SpaceX的数次失败掏空了腰包。SpaceX的工程师们在发射火箭的小岛上忍饥挨饿，SpaceX连下个月给员工发薪水的资金都没有着落。

马斯克的账户里只剩下900万美元，而特斯拉没有交付的订单已经高达几千万美元之多。如果再没有进账，特斯拉和SpaceX都将在一个月内破产。幸好，这个时候美国国家航空航天局向马斯克伸出了援手，一笔16亿美元的资金转到了SpaceX的账户上。

看到了吧！就连如今炙手可热的特斯拉和SpaceX都险些破产，一般的创业团队抵御风险的能力就更差了。因此，时间就是金钱，时间就是生命，时间就是机会。为了保证能在更短的时间里找到融资，我们必须将投资人按照投资的可能性排序，以求在最短的时间找到融资，避免让企业陷入财务危机。

第三，借助第三方的力量。

从小到大，我们都曾有想与陌生人成为朋友的意愿。如果想交到朋友，最好的办法永远都是找中间人牵线搭桥。找投资人，和交朋友差不多，只不过除了友情之外，大家还有其他目标。

找人牵线搭桥，中间人最好是彼此的朋友。朋友的朋友不一定是我们的朋友，但是把他变成朋友的难度肯定要比与一个陌生人交朋友的难度小得多。因为朋友能帮我们出谋划策，能帮助我们找到更好的切入点，同时也能提升对方对我们的信任感。

巴菲特被誉为"股神"，人们总是想知道他投资了什么，却不知道他开始创业时谁曾为他投资。巴菲特年轻时非常崇拜经济学家格雷厄姆，视格雷厄姆为导师。走出大学以后，巴菲特迅速成婚，随后把一切精力都放在了投资上。

很快，巴菲特进入格雷厄姆的公司，但格雷厄姆经历过20世纪20年代可怕的美国经济大萧条后，在投资上已经失去了勇气和胆量，这让他经常与巴菲特产生矛盾。最后，两人不欢而散，格雷厄姆离开了投资界，巴菲特则成立了自己的公司。

此时的巴菲特只有二十出头，没有什么知名度。许多投资人见到巴菲特本人以后，都摇摇头离开了。愿意为巴菲特投资的，只有亲人。但是，巴菲特的家庭并非大富大贵，总共也只凑了10万美元。这笔钱对于金融市场交易来说，就如同扔进大海的一颗石子，连水花都很难激起。

但是，巴菲特后来得到了导师的帮助。虽然格雷厄姆退出了投资界，但他的名声还在。每当有人找到格雷厄姆，询问找谁投资时，格雷厄姆总会说出巴菲特的名字。除了格雷厄姆外，其他的朋友也给巴菲特介绍了不少投资人。正是这些朋友推荐来的投资人，让巴菲特可以不断地找到新的投资人，建立可靠的合作关系。也正是因为有了这些资金的支持，巴菲特才能在道·琼斯指数下跌8%的情况下，为投资人赚取10%的利润。

其中一位名叫艾德温·戴维斯的医生，虽然对年纪轻轻的巴菲特充满怀疑，但在朋友的推荐下，还是将信将疑地投资了10万美元。一位医生能带来十位医生，在巴菲特30岁时，果然有十几位医生在另一位医生的介绍下成为他的投资人。也正是那一年，巴菲特第一次成为一家公司的董事长，走上成为"股神"的道路。

除此之外，真正寻求投资的人，不会在乎在什么样的场合里寻找。

每个人都有自己的圈层,而圈层里的人又能帮忙联系圈层外面的人。这样一来,我们想要融资的消息就能传到连我们自己都想象不到的地方。只要有人愿意把我们推荐给有投资意向的人,就有可能让陌生的天使投资人来到我们的身边。

所以,我们需要广结人脉,积极参与社交活动。参加社交活动也是寻找投资人的机会,各种社交活动中认识的陌生人,说不定就有愿意投资帮我们创业的人。

## 第三节 最后的办法——通过展示自己寻求融资

"山不来就我,我便去就山",这句话的意思是没有合适的机会时,就要主动创造机会。让山动起来,何其困难,尤其是我们还处于实力不强、无法吸引投资人关注的时候。所以,当我们实在没有渠道获取投资时,只能通过自己的主观努力,去吸引欣赏我们的投资人。

许多创业者在寻求融资时,都曾进行过公开演示、演讲,希望能吸引到合适的投资人。

埃隆·马斯克之所以产生了创办SpaceX的想法,是因为参与了一次关于航天的演讲。那一次演讲给了他巨大的启发,他不仅慷慨解囊,为演讲者捐款,同时还决定创办一家自己的航天公司。

此外,世界上最成功的客户关系管理软件服务提供商Saleforce,其创始人贝尼奥夫在创业时期,便拿出60万美元举办了一场声势浩大的发布会，展示自己的产品和理念。这场发布会为Saleforce带来了数千名客户，可以说回报颇丰。随后，贝尼奥夫决定在美国多个城市进行巡回宣传，还创办了俱乐部。正是这些活动，让更多的人知道了Saleforce，也愿意成为他们的用户和投资人。

贝尼奥夫在创办Saleforce之前是甲骨文公司的管理层，还拿到了拉里·埃里森的投资，腰包鼓鼓的他自然能拿出大量资金来做宣传，展示自己的优势与特色。

我们与贝尼奥夫的起点相差很远，但是也不必担心。因为所处的时代不同，我们有比贝尼奥夫更好的渠道、更经济的办法来展示自己的产品或创业理念。

我们可以与权威机构搭建的平台合作，来寻求融资机会。事实上，不少大学、投资平台和天使投资人，每年都会定期组织一些活动，为一些创业团队提供办公场所、设备以及咨询意见，我们一般将其称为创业孵化器。在这里，创业者可以以最经济实惠的方式展示自己的产品及项目。

建立创业孵化器的机构有很多，大学、天使投资人建立的创业孵化器和投资平台建立的创业孵化器有一定的区别。我们需要根据自己的实际情况与需求，选择最适合自己的创业孵化器。

大学和天使投资人建立的创业孵化器倾向于为初次创业的年轻人，以及投身高科技产业的创业者服务。其中包括创业培训、项目路演培训、对接投资人等服务，并且都是免费的。遗憾的是，这样的创业孵化器只教授技能，并不提供资源，想要在这里结识投资人是很困难的。

投资平台建立的创业孵化器专业性更强，相比初次创业的年轻人，他们更喜欢有一定实力、有创业经验的人士。有经验，就意味着不必进行基础培训，可以把更多时间与精力用来解决创业过程中遇到的难题。因此，此类创业孵化器提供一对一咨询，有针对性地为我们提供经营策略，解决实际问题。必要时，还提供渠道与资源，帮助我们与投资人牵线搭桥。

第一种创业孵化器数量较多，是最常见的形势。第二种创业孵化器因为其专业性强，所以数量较少，在选择创业者时也比较挑剔。我们需要谨慎做出正确选择。

需要注意的是，创业孵化器的路演活动是创业团队展示自己的最好机会，因为会有许多成功的创业者以导师的身份来到现场进行指导，还有许多天使投资人会到场寻找有潜力的团队和项目。如果我们能在路演中表现出色，成功融资的机会就会大大增加。即使没有找到合适的投资人，也能获得有价值的指导。

那么，要如何表现才能在路演中成功吸引导师和投资人的目光呢？我们要从三个方面做准备，争取提升成功的可能性，如图4-3所示。

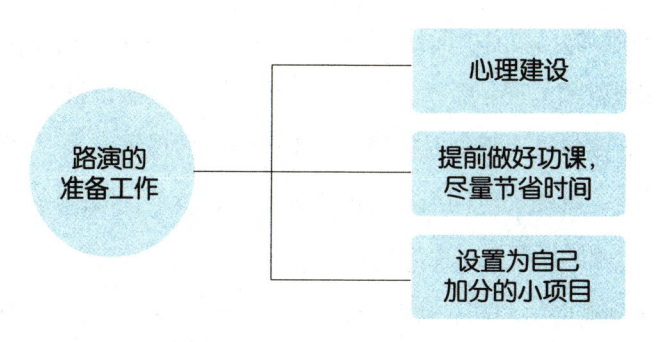

图4-3 路演的准备工作

第一，心理建设。

路演是一场公开表演，在导师、投资人和众多观众的注视下，我们能否表现出色是非常重要的。或许有人认为自己的创业团队、项目，与表演好坏关系不大，但事实上，这种想法是完全错误的。

作为创业团队的核心人物，必须要有强大的心理素质，要做到处事不惊，沉着冷静。人在冷静的状态下才能保持理智，做出最恰当的决定。如果遇事紧张，手忙脚乱，那又如何能保证创业团队在面临竞争、市场冲击的时候还能保持稳定性呢？

因此，在路演之前我们要做好心理建设，做到胸有成竹、充满自信。另外，自信不是自大，切记不要为了吸引导师和投资人，而对自己的项目夸大其词。导师与投资人，往往比我们更了解行业与市场，对项目的前景有其独特的看法。如果我们夸夸其谈，根本无法引起导师与投资人的关注。

第二，提前做好功课，尽量节省时间。

路演不是一个人的表演舞台，有众多寻求投资的创业者与我们一起参加，一起争取机会。所以，留给每个团队的时间都非常有限。在短短的几分钟里，我们要尽可能地展示项目，回答问题，展现出我们的高效率，以及项目的高质量。而只有事先准备好，才能做到尽善尽美。

路演最常用的展示手法是PPT，在正式路演之前，我们一定要进行一次预演，尽量在有限的时间里将关键内容全面展示出来。另外，路演正式开始时，所用的时间很有可能比预演长，所以预演的时间上还要进一步压缩，才能保证展示更加全面。

回答问题也是如此，因为时间紧迫，如果每个问题都需要现场思考，那么时间一定不够。所以，对于导师、投资人会问到哪些问题，我们要做到心中有数，提前准备好几个问题的答案。

第三，设置为自己加分的小项目。

在展示PPT和回答提问的环节中，我们已经将项目内容介绍清楚了，如果想让投资人更加青睐我们，还要多设置几个能为自己加分的小项目。这不仅能给投资人留下深刻的印象，还能展示我们的风采。有两个项目是最常使用，也是最有效果的。

（1）讲故事是最有效的方法之一。

我们不妨把路演当作一场选秀，在电视中播放的众多选秀节目中，讲故事是不可或缺的环节。参赛选手们或讲述一个励志的故事，或讲述一个悲伤的故事，又或者讲述一个甜蜜的故事，总之没有故事是不行的。人人都知道这样做是刻意安排的，但却很难避免被这些故事影响。

创业不是容易的事情，从脑海中蹦出一个"点子"，再到一步步"招兵买马"，最后把"点子"变成现实，中间肯定经历了很多艰难坎坷，所以一定能讲出好的故事来。在路演时，不妨将自己的创业故事讲出来，给投资人留下深刻的印象。如果能因为故事吸引到一些关注，这个小环节就派上了大用场。

（2）讲述项目的与众不同之处，也是一个有效的方法。

相同领域的项目很难有较大的差距，想要从中脱颖而出，我们必须要有自己的特色。如果我们的项目和之前同类型的项目一模一样，又怎么能引起投资人的注意呢？

因此，在展示PPT和回答问题时，不妨多分出一些时间来强调项目的与众不同之处。只有让我们的项目看起来和其他团队的不一样，才有可能被投资人注意到。

在路演中，与导师、投资人的互动也非常重要。投资人要拿出资金来投资，我们不能把控制权交给投资人，不能让其过分干涉公司的运营和管理，但至少要多给投资人一些参与感，让他们感觉到投入资金是值得的。因此，在路演时我们需要与他们多进行一些互动，强调以后合作中的权利，这有助于提升他们的参与感，让他们知道自己不会被忽视，不是只出钱的"提款机"。

一次成功的路演，能让我们进入许多投资人的视野。我们也许会因为这一次路演而声名鹊起，不仅有了投资人的关注，甚至还有了挑选投资人的机会。因此，我们必须要重视路演，借助路演的机会更好地展示自己。

## 第四节 所有"恶魔"，都曾是"天使"

天使投资人指的是那些有一定空闲资本，愿意支持有潜力的创业团队，在团队创业早期就直接进行投资的人。很多天使投资人，未必是真的"天使"。一旦创业团队接受了投资，他们马上就会露出本来面目，从"天使"变成"恶魔"。

创业团队遇到那些不称职的天使投资人后，不仅得不到资金上的帮助，反而会被其拖累，情况甚至比没有得到投资之前还要糟糕。因此，为了避免掉入陷阱，我们要警惕有以下四类表现的天使投资人，如图4-4所示。

第四章 天使投资——所有"恶魔",都曾是"天使"

| | |
|---|---|
| 第一类 | 财大气粗,却对投资行业一无所知 |
| 第二类 | 投资的目的是想要取得创业团队的信任 |
| 第三类 | 投资以后,要站在"舞台"中心 |
| 第四类 | 鸠占鹊巢,把创业团队真正变成自己的 |

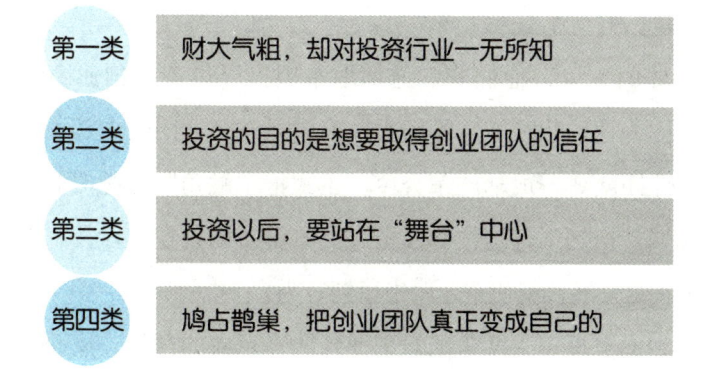

图 4-4 四类不称职的天使投资人

第一类,财大气粗,却对投资行业一无所知。

三百六十行,行行出状元。从过去到现在,成功的途径比人们想象得更多。发展实业可以成功,投身虚拟经济也可以成功;买进卖出可以成功,创造内容也可以成功。虽然人们常说工作不分高低贵贱,但是总有一些人在某个领域成功后,就想去更加"高端"的圈层里转转。因此,成为天使投资人,投资相关领域的创业团队,成为一些人获取收益或者证明自己价值的最快捷的方式。

由于他们是成功人士,资金充足,又迫不及待地想要进入另一个领域。所以,在投资时表现得非常宽容,往往会毫不犹豫地答应创业团队的各种要求。

或许有人会问:这样的投资人不好吗?创业团队需要的不就是足够的投资吗?其实投资人和创业团队的关系并非只有金钱那么"单纯"。一名合格的投资人,要能在创业团队遇到困难时,从渠道、市场、未来发展等各方面给出自己的建议与指导,帮助企业走出困境,甚至实现突破。尤其是当投资人在董事会中占据一定的位置时,如果他们对行业一无所知,就无法很好地履行义务,也就有可能会出现"瞎指挥、乱决策"的问题，将企业拖入深渊。

更重要的一点，他们非常迫切地希望自己投资的创业团队能够成功。不是因为他们想获取高额回报，而是只有创业团队成功了，他们才能跟随创业团队获得成功的荣誉感，正式把"触角"伸进他们一直渴望进入的领域。换句话，这样的投资人更看重短期收益，往往忽视或不顾及企业的长足发展，促使企业做出短期行为。

所以，此类投资人既不能对创业团队有足够的帮助，反而会一直催促创业团队"快点走、快点走"，成为可怕的"压力怪"。如果创业过程一帆风顺，那就没有问题；但是如果不顺利，此类投资人只能让团队的遭遇雪上加霜。

第二类，"醉翁之意不在酒"，投资的目的是想要取得创业团队的信任。

有些创业人员往往认为，创业初期的团队对于投资人来说并没有太大价值。但是实际上，创业团队不仅拥有潜力，本身也具有很大的价值，所以在现实中，时常有人假扮成投资人，骗取创业团队的信任，并从中获利。

比如，有些投资人是创意"小偷"，目的是通过假意投资，或者少量投资，取得团队项目的核心内容，随后将其改头换面，然后出售，为自己谋利。

老王已经创业成功多年，在行业内做得有声有色，但是提起大学刚毕业时的一件事情，至今仍让他愤愤不平。

刚刚毕业的他踌躇满志，一心想要开创属于自己的事业。他和几个同学多方筹划，打算开一家有创意的小店。一段时间以后，一切都准备就绪，只缺启动资金。于是，他开始在自己的朋友圈里求助，寻求愿意提供资金的投资人。

没多久,一个自称是某教育机构负责人的人联系到了老王,对方表示对他的项目很有兴趣,打算与老王深入谈谈。老王缺少社会经验,根本无法判断出对方究竟是什么样的人,刚见面几次,就把自己的项目和盘托出。这时,对方却表现出没什么兴趣的样子,最后在老王的软磨硬泡下,对方才仅拿出5000元作为投资。

显然,这个数目与老王需要的启动资金相去甚远,但幸好对方表明,无论店能不能开,这5000元他都不要了。接下来的一个月里,老王和他的团队继续四处联系投资,希望拿到更多资金。然而,他们从一个潜在投资人口中得知,他们的创意根本不算创意,因为市场上已经出现了类似的店,而且比他们的创意更好一些,硬件设施也很强。

经过多方打听,老王才知道,那个所谓的投资人是一个创意"小偷",把他们的创意卖了八万元。那些购买创意的人显然比老王他们几个刚毕业的大学生更有资本,很快就把他们的创意加以完善,开了更好的店。而老王的计划则胎死腹中。

除了创意"小偷"外,还有许多职业掮客紧盯着创业团队。他们不是投资人,却比创业团队拥有更多找到投资人的渠道。创业团队需要什么样的投资人,他们就能够找到什么样的投资人。但是,和创业孵化器不同,职业掮客可不是免费的,每次都要收取一笔不菲的费用。

事实上,"醉翁之意不在酒"的投资人是很好分辨的,因为每个投资人的简历、投资经历都不是秘密。如果你对投资人的背景产生了怀疑,不妨打听一下他们之前投资过什么公司,再向这些公司询问,投资人是否是真正的投资人,是否还有别有目的。

实在找不到相关信息,我们也需要谨慎小心,寻求专业融资平台、融资专家以及律师的帮助，完善商业计划书以及相关文件，让对方找不到空子。

第三类，投资以后，要站在"舞台"中心。

对于创业团队来说，投资人是帮忙出谋划策的人，是能够在各方面提供帮助的人。按照"咖位"来说，应该是"黄金配角"。但是，有些投资人不喜欢当配角，确定投资以后，他们就要站在舞台中心，成为主角。

他们认为，自己拥有丰厚的资本、庞大的人脉、丰富的经验，创业团队按照自己的想法发展，就一定能获得成功。所以，进入创业团队以后，他们便开始彰显自己的"价值"，企图抢夺主导权。要求他的话要听，他的建议要照做，他派来的人要用。一旦创业团队"不听话"，他们就会勃然大怒，甚至以撤资相威胁。

然而，创业团队最珍贵的就是创意、初生牛犊不怕虎的勇气、截然不同的思维。一旦"听话"，就会变成投资人的傀儡，身份从创始人变成"打工人"。而许多创业者，在创业过程中可谓倾其所有，不眠不休，因为他们认为这是自己的事业，需要付出一切，需要孜孜以求。一旦他们的身份从创始人变成打工人，那么其创业的激情就会逐渐消退，变成"撞钟的和尚"。

可以说，这样的投资人是非常可怕的，是所有创业者的敌人。因此，我们与投资人进行谈判、签订协议时，一定要明确投资人可以利用其丰富的经验优势为团队提供意见和建议，但是不能干预团队的决策，左右团队的发展，只有这样，才能保证创业项目能够按照创始人的想法走下去。如果有可能，最好远离这一类投资人。

第四类，鸠占鹊巢，把创业团队真正变成自己的。

上一类投资人，只不过是想要走到舞台中间，企图让自己成为主角。而这一类投资人，则是想要把团队与项目彻底收入囊中。两者看起来很相似，但无论是表现还是目的都大不一样。

上一类投资人，从最开始谈判时就表现出明显的主角意图。他们会向创业团队提出很多要求，表达很多想法，特别是态度非常傲慢，让人一目了然。后一种投资人则完全不同，在创业团队接受他们的投资之前，可以说是"天使中的天使"，他们态度温和、诚恳大方，同意我们提出的种种条件。

这类投资人的条件很少，但并不是没有条件。很多时候，他们只希望能在投资协议的最后加上一条对赌协议。创业者赢了，安心利用大笔投资。创业者输了，项目和团队就都变成投资人的。

很多创业者并不担心对赌协议，因为他们对自己的项目充满信心，认为投资人提出对赌，只不过是对创业团队的一种督促与激励。赢了，大家都获得是收益。输了，说明团队和项目不够理想，完全可以接受。然而，事实远远不是这么简单。

在对赌协议中，往往埋藏了许多陷阱，其中就包括逐步夺取团队控制权的条款。对赌的结果可能还没有出现，团队创始人就已经被迫离开团队，还没有等到失败那一刻的来临，就已经失去了一切。

我们说了这么多看似"天使"的"恶魔"，那什么样的天使投资人才是可靠的呢？概括起来很简单，就两条要求——懂投资，懂技术。另外，专业的天使投资人和投资机构很多，他们能提供资金和经验。如果我们想要获得更好的指导和服务，也可以出资购买免费服务之上的付费项目，这样成功的概率也将大大提升。

## 第五节 对赌——可能不是双赢，而是单输

对赌，是投资方与融资方之间的一种协议，即在双方对于未来不确定的情况下，关于业绩与期权的一种约定。如果约定的条件出现，投资方可以行使一定的权利；如果约定条件不出现，那么融资方则行使一定的权利。

一般来说，对赌协议就是业绩对赌，即投资人投入资金，约定需要实现多少营业收入，吸引多少用户数，以及占领多少市场份额等。如果融资方不能达到目标业绩，便面临股权转让或者金钱补偿。根据内容不同，对赌协议可以分为五种类型，如图4-5所示。

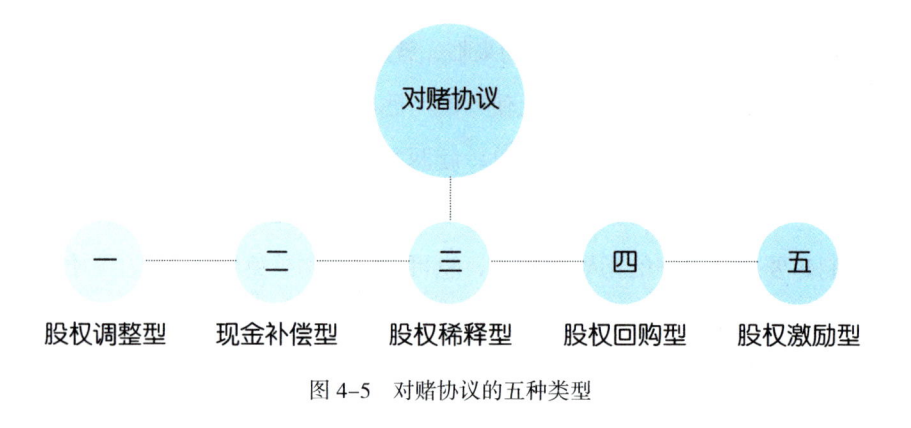

图4-5 对赌协议的五种类型

一 股权调整型　二 现金补偿型　三 股权稀释型　四 股权回购型　五 股权激励型

第一，股权调整型。

股权调整型，即当企业未能实现对赌协议规定的业绩时，企业实际控制人以无偿或者象征性的价格将一部分股权转让给投资人。如果达到规定的业绩，那么投资人将以无偿或者象征性的价格将一部分股权转让给企业实际控制人。

第二，现金补偿型。

现金补偿型，即当企业未能实现对赌协议规定的业绩时，企业实际控制人将支付一定金额的现金补偿给投资人。如果达到规定的业绩，那么投资人则支付一定金额的现金给企业实际控制人。

第三，股权稀释型。

股权稀释型，即当企业未能实现对赌协议规定的业绩时，企业实际控制人同意以极低的价格转让给投资人一部分股权，以稀释自己的股权比例，增加投资人在公司内部的持股比例。

第四，股权回购型。

股权回购型，即当企业未能实现对赌协议规定的业绩时，企业实际控制人将以投资人投资款加固定回报的价格回购其持有的全部股份。

第五，股权激励型。

股权激励型，即当企业未能实现对赌协议规定的业绩时，企业实际控制人以无偿或者象征性的底价转让一部分股权给企业管理层。

实际上，对赌的关键就是股权。这看似公平，实际上需要企业承担非常大的风险。对于融资方来说，有利的一方面在于能够较为直接地获得大额资金，进而达到低成本融资和快速扩张的目的。而且，签订对赌协议后，只要能达到约定的条件，便不需要出让企业控股权，避免了股权的稀释。也就是说，企业可以轻松地解决资金短缺问题，但是付出的资金利用成本相对较低，甚至不需要付出多少成本。

然而，对赌协议也存在着不小的弊端。为了对赌，企业管理层可能采取短期行为，过度追求业绩提升，快速盲目扩张，进而影响企业长期发展。同时，市场是千变万化的，如果管理层决策失误，或者经营环境发生变化，未达到目标业绩，那么企业便不得不割让大额股权，或是支付高额的现金补偿。这样一来，企业就处于劣势地位，损失也是巨大的。

如果创业者忽视企业对赌协议中隐藏的不切实际的业绩目标，放大企业本身不成熟的商业模式和错误的发展战略，那么便会采取短期行为，把企业推向困境。如果投资人干涉企业经营，或者安排人员插手公司的管理，那么创业团队对于企业的控制权便会失去独立性。

更重要的是，企业一旦忽视了不切实际的业绩目标，又急于获得高估值融资，那就很容易造成一个结果——业绩未达标，却直接失去企业控制权。太子奶便是典型的案例。

1996年，李途纯创办太子奶，经过迅猛发展，在乳酸菌饮料行业中遥遥领先，独占80%的市场份额，发展前景一片大好。然而，李途纯却选择了对赌。2007年年初，为解决资金困境，实现尽快上市的目的，太子奶集团更名为"中国太子奶（开曼）控股有限公司"，并引进英联、摩根士丹利、高盛等风险投资7300万美元，占合资公司30%股权。在对赌协议中约定：太子奶收到7300万美元注资后的前三年，如果业绩增长超过50%，就可以降低对方股权；如果达不到目标业绩，那么李途纯将会失去控股权。

接下来，李途纯不惜一切代价，把目光聚焦到业绩增长上。然而，事情发展并不如李途纯预计得那样乐观，面对伊利、蒙牛两大竞争者的挤压，再加上成本飙升、金融市场动荡、国家宏观经济调控以及三鹿奶粉事件等影响，太子奶利润越来越少，根本无法实现业绩持续增长的目标，甚至出现了资金链断裂的危机。

最后，李途纯输了。2008年11月，李途纯不得不将太子奶集团61.6%股权转让给三大投行，只出任集团名誉董事长，实际上已经在博弈中出局了。

对赌，最初的原则是双赢。但是，对于企业来说，处于相对弱势地位，似乎只能成为投资人保证收益的"工具"。尤其是初创企业，因为忽视了详细衡量与投资人要求之间的差距，忽视内部或者外部经济大环境的不可控变数，签下了"不平等条约"，结果不仅损失巨大，还落得个"为他人做嫁衣裳"的下场。

事实上，国内参与对赌的企业很少有赢家，从太子奶到永乐，再到俏江南。从理论上来说，这是一种双方之间的互相认可和激励，是对双方利益的保护，然而其结果可能不是双赢，而是单输的局面。企业创始人，尤其是初创者，对市场、商业的挑战性认知度不够，往往会制订出不切实际的业绩目标，或者在签订协议时，发现不了条款中的"不平等条款"——倾向于投资人的条款——或者谈判经验不足，缺乏专业的会计师、律师辅助，那么很有可能落入"陷阱"而不自知。

## 第六节　天使轮应该拿出多少股权？

通常情况下，企业想要做大、做强，在上市前往往需要四五轮融资。而融资，必然会产生股权稀释的结果。那么在融资过程中稀释的是谁的股权呢？当然是创始人、合伙人与大小股东的股权。股权被稀释，且无法掌握大比例的投票权，那么创始人与合伙人则很可能失去主动权甚至是对公司的控制权，最终的结果就是被踢出局。

原因很简单，创始人手中的股权比例越大，按照公司章程、组织架构原则，其表决权、话语权便越大，就能直接掌握公司控制权。相反，便有可能被投资人架空，落得出局的结果。当然，前提是企业没有采取AB股的股权架构，而这种特殊的架构往往适用于上市企业，对于初创企业来说并不适用。

我们以蘑菇街为例。

2011年，陈琪、岳旭强、魏一搏合伙创立蘑菇街，之后与美丽说合并。2011年2月完成天使轮融资，投资人为阿米巴资本，融资金额为数百万元，之后又在四年内完成数轮融资，其中2014年的D轮融资金额高达两亿美元。同样，融资之后，迎来的是创始人团队股权被稀释。

2018年12月，蘑菇街在纽约证券交易所挂牌上市。上市前，蘑菇街董事和高管所持股权比例只有19.4%，大部分股权掌握在投资人手中。其中，腾讯实体所持股权占18.0%，高瓴资本所持股权占10.2%，挚信资本所持股权占8.2%，贝塔斯曼亚洲投资所持股权占8.2%，平安所持股权占6.5%。而上市后，企业董事和高管所持股权比例进一步下降，陈琪持有股权占11.3%，岳旭强持有股权占3.0%，魏一搏持有股权占4.0%。而腾讯实体为蘑菇街第一大股东，持有股权占17.2%，高瓴资本持有股权占9.8%，挚信资本持有股权占7.8%，贝塔斯曼亚洲投资持有股权占7.8%，平安持有股权占6.1%。

不过，蘑菇街采用了AB股双股权架构，在首次公开募股中发行A类普通股，其中A类普通股含1股表决权，B类普通股含30股表决权。而陈琪持有公司全部的B类普通股,所以持有79.3%的表决权,即拥有公司绝对控制权。但是,股权稀释之后,投资人、合伙人、员工的期权就缩水了,损失惨重。如果蘑菇街没有建立AB股双股权架构,那么陈琪的创业团队恐怕难逃出局的命运。

也就是说,在融资时创业者不能只关注估值、融资额等问题,更应该考虑到股权稀释、企业长远发展等问题,避免在第一轮融资就释放出太多股权。那么,我们先看看从天使轮到首次公开募股,股权是怎样稀释的?

A、B为联合创始人,共同创立企业,其中A所占股份为60%,B所占股份为40%,A为大股东,负责管理企业日常业务。三年后,企业发展迅猛,吸引天使投资人的注意,而此时企业也有融资的需求,于是完成第一轮融资。双方经过评估,认为企业估值8000万元,天使投资人愿意投资2000万元,且要求在投资前,企业需拿出20%的股份建立期权池。

此时,企业股权结构发生变化,A所占的股份为48%,B所占的股份为32%,期权池为20%。天使投资人投资后,所占股份为20%,而A所占股份为38.4%,B所占股份为25.6%,期权池为16%。

此后,假设企业在A轮、B轮、C轮融资以及首次公开募股中,企业都拿出20%的股权份额给新的投资人,那么等到首次公开募股之后,创始人股权就被严重稀释了。最后企业的股权结构为A所占股份为14.7%,B所占股份为9.8%,期权池为6.1%,天使投资人为7.7%,A轮投资者为12.8%,B轮投资者为12.8%,C轮投资者为16%,IPO为20%。

我们需要注意的是,通常天使轮融资的资金金额比较低,而经过一段时间后,企业发展良好,商业模式初步取得成效,那么风险投资人通常会加大投资,企业进而拿出更多股份。如果A轮、B轮、C轮的投资人是同一人或同一投资机构，那么创始人被股权稀释后，其股份比例就远低于投资人。如果天使投资人或风险投资人转而扶持创始人B，那么创始人A便会失去大股东位置，被迫出局。

同时，在企业发展过程中，为了提高员工凝聚力和企业业绩，股权激励计划（或员工期权计划）也是不可避免的，这就需要创始股东再拿出一定比例的股权。而这意味着其股权进一步被稀释。

因此，在进行天使轮融资时，创始人需要考虑股权稀释产生的风险，不能让出过多股权，最好保持在10%~15%，不要超过20%。即使每轮融资只释放出20%股权，大股东创始人所占股份也将从60%~70%稀释到10%~20%，如果创始人所占股份比例较少，或者天使轮让出的股权过多，那么股权稀释得会很快，促使创始人很快失去控制权。

同时，如果天使轮释放出过多股权，对于后续融资计划的顺利进行也是非常不利的。如果第一轮融资时就释放出20%以上，或者30%的股权，那么就会严重挤压企业发展所需后续融资的股权空间。因为通常来说，企业发展势头会越来越好，商业规模会越来越大，在这种情况下，企业无法拿出适当比例的股权便无法得到更多融资，让投资人感觉不能掌握预期的股权份额，最终导致企业发展受限。

同时，这样还会伤害创始团队的激情与干劲，因为创始团队无法拿出合理的股权份额进行股权激励。针对合伙人、技术骨干、业务精英等核心人物的激励，需合理、有效（给出足够的股份），否则无法起到激励作用，让整个团队失去干劲，看不到光明的未来。

因此，在天使轮出让股权时，需要考虑股权稀释问题和企业后续的融资计划问题，避免释放出的股权太多。当然，释放出的股权太少也是不合理的，融资金额太少，也无法满足企业发展需求，容易出现资金短缺，因此而错过大好机会。

# 第五章

## 风险投资

——资本不怕风险，就怕你无法承担风险

## 第一节　在面对风险前，先了解风险

人人都知道投资有风险，回报越是丰厚，风险就越大。但是，在投资界，很多项目不是需要大量的资金，就是面向新的领域与前所未有的产品。投资这些项目，意味着一场豪赌。或许在几年以后获得巨大成功，成为行业领头羊；或许所有的投资全部花完后，一分钱回报都看不到。

风险投资人所选择的一般都是发展迅速、有巨大潜力的项目，而我们的项目能否赢得风险投资人的青睐，还需要满足其他要求。比如，风险投资人最喜欢的企业是那些以高新技术为核心的中小型企业，投资人愿意无任何抵押，直接以资金换取创业团队股权。因为投资人认同创业团队的技术和产品，认为该公司有很大概率能在该赛道、该领域中大放异彩。

那么，投资方认同的技术，就一定能成功吗？并非如此，而这就是风险投资人需要承担的风险。任何未经过市场检验的技术，都不能百分之百保证能够走向成功。这与技术是否先进无关，更与产品是否超越竞争对手无关。

Kindle被认为是最成功的电子书，但早在Kindle之前，索尼就已经研制出了电子书产品。当时，索尼的技术可以说一骑绝尘，没有任何企业能与之并驾齐驱。许多投资人都认为，这款产品一定会获得成功，带给索尼与投资人巨大收益。那么，索尼成功了吗？从现在人们很少提及索尼研发过电子书一事来看，答案显然是否定的。

索尼的电子书虽然先进，但造价十分昂贵。再加上当时缺少供应商为电子书提供大量可读的书籍，导致索尼的电子书并没有经受住市场的考验。毫无疑问，这款在当时技术绝对领先的产品是失败的。

这就是风险投资，具有非常高的风险性。如果没有具体的抵押物，投资方将所有的希望都压在技术与产品能否被市场接受这一点上，一旦失败，创业团队解散，投资方便直接失去了收回成本的机会。

有太多失败的风险投资不为人知，但是成功案例也不并不少见，一些经典的成功案例也因为其具有可借鉴性而人尽皆知。京东，就是风险融资成功的典范。

2006年，刘强东为了对抗阿里巴巴，开始四处寻求融资。他需要的资金多达2000万美元，风险非常大，一旦失败，投资方将得不到任何回报。

中国私募资本公司Capital Today却认为，京东有着巨大的发展潜力，值得投资。于是，该机构投资1000万美元，成为京东的一名大股东。事实证明，Capital Today眼光独到，没多久这笔投资就翻了五倍之多。然而，这还只是个开始。

2014年，京东实现上市，Capital Today手中的股权价值从1000万美元变为24亿美元，整整240倍的收益。

然而，如此高的收益率，在风险投资成功的案例中，并不罕见。而这也是为什么投资风险如此之大，却仍有无数资本趋之若鹜的原因。简单来说就是，巨大的风险伴随着巨大的收益。

风险投资的另外一个特点，就是投资期限长。向风险投资人、投资机构融资的团队，虽然拥有巨大的发展潜力，但需要漫长的时间发展、扩张、竞争。在这一过程中，企业的盈利能力比较低，甚至可能没有任何盈利，反而需要不断增加投资。接连不断的投资，换来的只能是越来越多的股权，而股权变现却存在着很多不确定因素。

我们之前说过，饿了么从2011年开始表现出惊人的爆发力，股权价值水涨船高。但是，饿了么实现盈利了吗？并没有。饿了么疯狂扩张，不仅没有盈利，反而每年都要承受巨大的亏损。面对这样的情况，投资方可以选择股权转移，减少承受的风险，也可以选择继续持有股权，等待最后的胜利。但是所承担的风险却有非常大的区别。

转机发生在2018年，在这一年阿里巴巴全资收购了饿了么，共斥资95亿美元。直到2020年，饿了么才扭亏为盈，开始盈利。从草创到盈利，饿了么经历了漫长的12年，而此时距离饿了么第一次融资，也已经过去了9年。可见，风险投资想要获得收益，需要接受漫长的等待。

面对漫长的投资期限，巨大的投资风险，即使有巨大的收益，投资者们还是会慎之又慎。因此，如果我们想要获得风险投资，只证明自己的项目具有巨大的发展潜力是远远不够的。既然投资的期限很长，那么创业团队就必须能制订出与漫长期限相匹配的计划，才能让投资方放心地投资。

可以说，完善、合理的发展计划是兑现潜力的钥匙，无论项目产品多么有潜力，一旦无法兑现，对于投资方来说也是毫无意义的。因此，为了进一步降低风险，作为风险投资的投资方，也会为创业团队提供各个方面的帮助。

帮忙绘制战略蓝图，是投资方提供的常规助力。投资方进入董事会后，在董事会上的发言就变得非常重要。每个会议周期，投资方都能针对当前创业团队的经营状况，给出自己的意见，帮助创业团队解决眼前的难题，提供未来发展的建议。

即使不参加董事会，投资方也可以通过自己的影响力，提出战略意见。任何一名投资人都明确地知道，这不仅是在帮助创业者，同时也是为自己投入的资金负责，降低投资风险。如果投资人不愿意参与到创业团队未来的发展计划中，那么投资的成功率一定会大大降低。

人脉与渠道，是风险投资人能提供的另外两项重要资源。"好酒也怕巷子深"，对于那些初次创业的团队来说，有创意，有技术，唯独缺少人脉资源和经验。这样一来，一位好的投资人，能给予帮助就太大了。

所以，如果我们的团队缺少某方面的人才，不妨找投资人聊聊；如果产品缺少用户，不妨询问投资人的意见。这并不是给投资人制造困难，而是为了促成创业团队与投资人的密切合作，同时对于投资人维护人脉关系，也是有帮助的。

其实，大部分投资人愿意更多地参与到创业团队的经营管理中来，因为任何人都不希望自己的资金被毫无意义地消耗掉，更不愿意得到过低的收益。因此，企业创始人要利用好这一点，把握机会，为自己的团队找一个好老师。

## 第二节 风险投资，冒风险的并非只有投资方

当创业团队成为风险投资人的目标时，就说明它拥有巨大的潜力和较快的发展速度，同时也存在着诸多风险与不确定性。一旦成功，就可能成为如饿了么、阿里巴巴、Facebook这样的企业。如果失败，那么几年的时间、精力、心血就都白费了。所以，对于投资方与创业者来说，都承担着巨大的风险，投资方冒的风险是金钱上的损失，创业者付出的是时间和精力上的损失。

既然双方都承担着风险，都付出了时间和精力，那么在投资方挑选创业团队时，创业团队也需要谨慎地挑选投资方。因为好的投资人能为创业团队出谋划策，提供人脉、渠道方面的资源。而糟糕的投资人，不仅不能提供任何帮助，甚至还会对团队发展起到破坏作用。

完美的投资人，每个创业团队都想要，但是初出茅庐的我们，又怎么能轻易找到完美的投资人呢？这就如同婚姻一样，与其苦苦追求那个心中最完美的，倒不如找一个和我们最合适的。而想要确定投资人与我们是否合适，相关的调查工作是必不可少的。

投资人的身份并不是秘密，一些知名的投资人，在业内可以说人尽皆知。想要了解详细的信息，只要多多询问，就可以知道对方的经历、背景，帮助我们做出一些基本判断。

每个人都有自己的立场，两个人立场越是接近，就越容易亲近。作

为创业者,自然与其他创业者有更多的共同话题。因此,从其他创业者口中打听投资人的口碑,也是不错的办法。

当然,最好的办法是让投资人自己来说。风险投资与天使投资不同,作为风险投资人,必然会给创业团队提供有力支持,以保证项目能够成功。投资人知道自己手中有什么资源,但是对团队需要什么资源却并不那么了解。所以,互相试探固然是一种巧妙、礼貌的做法,但是,直来直去、单刀直入也未尝不可。

当投资人将自己能提供的资源一一列出以后,创业团队就可以从中寻找对自己有价值的资源。哪个人我们应该认识,哪个渠道需要投资人帮忙介绍,一定要记录下来。如果当时聊得很投机,宾主尽欢,投资人忘记提供一些资源,我们还需要进行提醒。如果对方始终空口说白话,并没有实际举动,就说明这个投资人在说大话,并不值得信任。

通过各种方法,我们可以对有投资意向的投资人积累一定的了解。但需要注意的是,在做出选择时,金钱的多少并不是最重要的,人脉渠道也不是最重要的。最重要的是,对方是否与我们志同道合,是否有共同的想法、观念与价值观。

我们的项目、团队,得到投资人的认同,大家就能一起走下去,投资人才会把我们的创业项目当成自己的孩子一样关心,尽心尽力,充满热情。大家有劲儿往一个方向使,遇到问题齐心协力去解决。

如果我们与投资人想法不同,经常出现意见相左的情况,那么大家最好抽时间坐下来,心平气和地解决问题。只要分歧不是特别严重,总能达到求同存异的目标。但如果遇到危机,需要团队快速做出反应的时候,创业者与投资人意见不合,不仅不能迅速解决问题,反而因为各执己见而导致力量分散,相互牵制,让问题越来越严重。

去哪儿网创始人庄辰超，趁着携程创始人梁建章退出团队，前往美国读博士的机会，把去哪儿网发展得风生水起。2010年，去哪儿网已经成为全国最大的旅游类网站。到了2013年，去哪儿网成功在纳斯达克上市，市值达到了惊人的50亿美元。

去哪儿网能够超越携程，与不断得到风险投资的资金是分不开的。2011年，百度成为去哪儿网最大的股东，拥有62%的股份，而庄辰超的股权只有7%。百度为了让各方安心，不断强调去哪儿网还是会由庄辰超运营，百度不会过多干涉。

百度的确没有干涉去哪儿网，但是百度的团队并不认可庄辰超的经营策略。作为去哪儿网的大股东，百度仍然在加强旅游搜索、预订酒店等方面的业务开展，并没有给去哪儿网更多的便利。自己和自己竞争，这还不算离谱，更离谱的是百度认为在旅游方面花费了太多的资源，不利于自己在视频领域的竞争优势。于是，百度打算与携程达成合作，由携程代理旅游这一板块的业务。

这就意味着百度直接支持了去哪儿网的最大对手，之后，百度瞒着庄辰超，与携程达成了协议，双方进行了股权置换。最终，庄辰超只能辞去去哪儿网CEO的职位。很快，被携程并购以后，去哪儿网也从纳斯达克退市。

庄辰超和去哪儿网的失败，不是因为经营不善，而是庄辰超与百度团队并不是一条心。在想法不同的情况下，除了资金之外，去哪儿网没有从百度那里获得任何支持。相反，去哪儿网不仅要和携程竞争，还要和百度的旅游项目竞争。

另外，资本是没有个性的，但手握资本的投资人有个性。因此，在选择接受谁的投资、跟谁合作的时候，我们一定要选择适合自己的对象。

创业，除了种种客观要素外，创业团队的主观意愿也是非常重要的。创业团队必须有一套属于自己的经营理念、独特的经营哲学，并形成属于自己的企业文化。这时候，团队才能拥有强大的凝聚力，在扩张时仍然是牢不可破的紧密团队。

事实上，我们在刚起步时，因为人数不多，关系密切，所以是抱着共同的理念走到一起的。而投资人呢，往往已经创业成功，有丰富的经验，早已形成了一套经营理念，并且很难被扭转、被撼动。我们无法改变投资人，所以要尽量寻找理念相近的投资人。

此外，创业团队还有一个经常犯的错误，就是在不该心急的时候心急，只要有投资人愿意投资，便立即接受其资金。要知道，创业团队与投资人的合作期限很长，一旦遇到不合适的投资人，时间越长，负面影响越大。或许有人不理解，有人投入资金来帮助项目发展，难道我们不应该抓紧时间，尽快挖掘潜力吗？其实不然。

融资并不是接受了别人的资金后，便什么都不用付出了。其实，双方都要付出，对方支付的是现在，我们付出的是未来。而且，对于双方来说，可以说都是一场"赌博"。既然是各取所需，就不必太心急。找不到投资方时，不妨继续完善自己的商业模式，让未来发展规划变得更加明确。我们的规划越明确、越清晰，就越容易找到投资人。

如果担心融资的金额不够，需要进行多轮融资，那就更不必着急了。资本的特点是逐利，只要A轮能成功融资，就意味着B轮、C轮就会有投资方闻风而动。所以，做好A轮融资之前的准备，才是最重要的。在A轮融资开始之前，我们就要把融资的条款制定好，把运营团队的框架搭建起来。之后的融资，可以都按照这个框架模式进行。

同时，万事开头难，A轮融资往往出现的问题最多。A轮融资进行得越早，金额越大，出现的问题就越多，承担的风险就越高。所以，在融资时，我们不妨将A轮融资当成一次学习的机会，发现问题，解决问题。一旦发现有不完善的部分，争取在B轮、C轮融资时加以改善，避免再出现类似错误。

最后，我们还需要明白，在寻找投资人时，对创业团队来说最致命的不是手握好项目找不到融资，而是把全部精力都用来寻找找融资，而忽略了创业项目。

项目能够吸引资本的根本原因是什么？不是因为创业者需要融资，而是因为创业项目值得投资。只要项目越来越好，投资人早晚会找到。为了寻找投资而放弃了项目的进展，那距离融资只会越来越远。

## 第三节　承担风险，要从信任开始

在商业领域，利用信誉换取发展机会的方式有很多。找担保人帮忙借贷、抵押，找中间人以降低交易的门槛，这些都是在利用中间人良好的信用为自己找到发展的机会。在这一过程中，中间人显然承担着风险，如果彼此之间没有信任，那么万万不会冒着风险来帮助对方。

风险投资同样如此，毕竟投资人冒着血本无归的风险为创业团队提供资金。所以，作为创业者，我们想要获得融资就必须要先要取得投资人的信任。

在生活中，任何人都会结交朋友，从陌生到熟悉，再到互相信任，这一过程并不容易。不同的是，有些人并没有强大的社交能力，因此身边的朋友比较少，能信任的、能提供帮助的朋友也不多。而有些人则具有非常强大的社交能力，能很快让他人产生好感和信任感，进而心甘情愿地向自己伸出援手。

在融资的过程中，社交能力同样重要。有时候团队能否融资成功，甚至是由团队核心的社交能力所决定的。

有时，社交能力决定了我们能否获得投资人的信任，这并不是危言耸听。许多创业者、创业团队，都是因为社交能力过于糟糕，才导致创业失败。首轮集资集团富兰克林技术合伙人公司是一家老牌投资公司，副总裁安东尼·格林说自己见过许多寻求投资的创业团队，其中失败的远比成功的多。而在融资失败的创业团队里，因为创业者不具备社交技能而失败的例子屡见不鲜。

许多创业者往往抱着这样的想法：我们的项目好，根本不缺投资人，所以是我们在选择投资人而不是投资人选择我们。他们认为自己掌握了主导权，因此在与人交流时态度傲慢，行为举止也不礼貌。

然而，他们搞错了一件事情，投资人的确希望能从投资当中获利，但是每年需要风险投资的项目也有很多，为什么一定要选择我们呢？如果项目真的无可替代，投资人也许会忽略这个问题选择投资。但是如果不是，在投资人认为自己得不到尊重的情况下，怎么可能愿意投资呢？任何投资人都不可能喜欢和信任一个自傲、目中无人的创业者。

可穿戴智能设备在今天并不罕见，但早在智能手机刚开始占领市场时，就已经有团队在研发可穿戴设备了，Pebble就是其中最具代表性的作品。2012年，该产品就在众筹网站上发布了，其可以通过连接iPhone和Android手机，让人们的生活更加便利。

精美的外观和超前的理念，让Pebble引起了许多发烧友的追捧，短短几天就收到了近10万订单，同时也赢得了投资人的青睐，得到超过1000万美元的筹款。随后，又从投资公司手中获得了超过1500万美元的融资。

这样的项目，可谓前途无量。只要能稳步发展下去，谁又能保证Pebble不会成为下一个特斯拉呢？然而令人没想到的是，创始人糟糕的社交能力却毁掉了这个前途无量的团队。

创始人埃里克·米基科夫斯基性格十分蛮横，刚愎自用，不愿意接受其他人的意见。在他看来，Pebble最开始吸引到的就是那些对科技最敏感的人、对新兴事物最有兴趣的人，团队必须要按照这条路走下去。

实际上，大众化才是新兴电子产品最好的出路。当苹果、摩托罗拉以及其他电子行业巨头进入可穿戴设备领域时，功能更好、外观更漂亮的可穿戴设备很快就开始源源地不断涌入市场。于是，Pebble的市场被不断蚕食，甚至被堵住了发展的道路。

创业团队中并不缺少具有前瞻思维的人，许多人都看出埃里克的策略并不能为项目赢得好的前景。但是，埃里克糟糕的性格却让他拒绝接受其他人的意见，也拒绝做出任何改变。而且他还心胸狭窄，甚至有不少团队成员，因为指出他的想法存在问题而遭到排挤，甚至被赶出团队。

除了在众筹期间得到的订单外，Pebble的销售很不理想。于是，他们面向第一次参与众筹的人，寻求第二次融资。这一次，筹到的资金额度比第一次略多，创下了众筹网站的记录。但是，这种现象显然是不正常的。对于一个接受风险投资的团队，一个具有巨大发展潜力的项目来说，这样的成长速度是失败的。

2015年，Pebble被估值7.4亿美元。2016年，Pebble的估值只有7000万美元。这无疑说明，投资人已经抛弃了它，市场已经淘汰了它。最后，Pebble以不到4000万美元的价格被收购了，而埃里克也彻底失败。

坦白地说，将Pebble的失败完全归咎于创始人埃里克糟糕的社交能力并不公平，但是绝对与这一点脱不开干系。如果他不那么刚愎自用，多听听团队其他人和投资人的意见，也许就不会有这样糟糕的结局。

可以说，创业者出色的社交能力，能给创业团队带来很多帮助，包括但不限于让团队找到更多的投资人，维持团队内部的稳定，获得更多更好的信息，同时还包括发挥个人能力与魅力，赢得团队成员与投资人的信任。

那么，我们如何才能成为社交达人，找到有投资意愿的投资人，并赢得其足够的信任呢？可以通过三种方式拓展自己的社交圈，如图5-1所示。

01 通过兴趣爱好不断扩大自己的社交圈

02 既然有些事情不得不做，不妨把机会利用起来

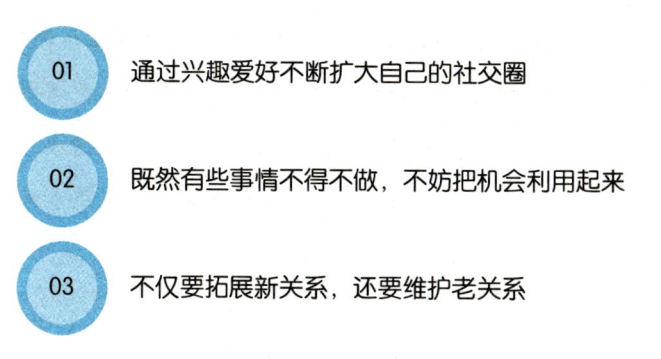

03 不仅要拓展新关系，还要维护老关系

图5-1 拓展社交圈的三种方法

第一，通过兴趣爱好不断扩大自己的社交圈。

创业，是我们人生中非常重要的一部分，但不是全部。人人都有爱好，与有共同爱好的人交流总能让彼此有更多的话题，能更快地在彼此间建立一种相互信任的关系。

小姚是上海一家汽车4S店的销售，由于日常工作的关系，经常与一些

颇有经济实力的人打交道。一次，她听一个刚从国外回来的客户说，国外正流行飞盘运动，出于好奇，便去了解了一下飞盘运动，之后便产生了浓厚的兴趣。

飞盘运动的对抗性并不强，但运动量却非常大，很适合商务人士。小姚创办了一个玩飞盘的微信群，把不少对飞盘运动有兴趣的客户拉了进来。每到周末，就组织大家一起游戏、竞技，没过多久，小姚与客户之间的关系就加深了不少。

又过了一段时间，客户又将一些喜欢玩飞盘的朋友、客户、同事拉进了微信群，让小姚的社交圈又扩大了。每次举办活动，报名者与参与者都非常积极踊跃，气氛也越来越和谐。但是因为参加的人太多了，场地受到限制，服务与组织上也暴露出一些问题，让许多人玩得不尽兴。小姚计上心来，为什么自己不能辞掉4S店的工作，专门开一家飞盘俱乐部呢？

于是，小姚在群里把自己的想法说了一下，没想到，竟然得到了许多客户的支持，并且不少人当即就表示，愿意为她投资。就这样，小姚开始了创业之路，开了一家会员制的飞盘俱乐部。因为之前赢得了客户与会员们的信任，所以资金问题很快得到解决。

第二，既然有些事情不得不做，不妨把机会利用起来。

有些事情是每个人都离不开的，比如衣食住行，充电提升自己。既然我们不得不做这些事情，不妨利用这些机会，帮助自己获得更多的机会。

事实上，许多人都是在完成生活中必须要完成的一些事情时，认识了自己的投资人。比如，给汽车做保养，去健身房健身，去网球场打网球……

既然这些事情经常要做，不妨在做的时候多扩展自己的社交圈，与别人随意攀谈，了解对方的工作，了解对方与自己有多少相同的兴趣爱好。也许，在这一过程中，我们就能认识一些和自己志同道合的人，在交流中获取信任，最后让对方成为自己的投资人。

老关是一家音乐酒吧的经理，从事这一行很多年了，因为和老板理念不合，最后分道扬镳。突然闲下来的老关很不适应，于是只好捡起自己年轻时的爱好，每天早上到附近一个体育场打篮球。篮球场是年轻人的天下，老关显然成为其中的"另类"。但凭借着强大的社交能力，没多久，他就和年轻人打成了一片。其中，一个绰号叫小黑的年轻人和老关最聊得来。

一天打完篮球后，两人在一起闲聊。谈到之前的工作，老关颇有一些壮志难酬的感觉。听了老关的话，小黑想了想，然后问老关，如果按照他的想法开一家店，需要投资多少钱。老关顿时来了劲头，对小黑讲了不少想法，包括如何设计，如何打出名头，以及要投入多少费用等。没想到，几天以后，小黑就给老关打来电话，说他找了几个朋友，凑了些钱，想要给老关投资，一起把店开起来。

最后，老关与小黑真的一起开始创业，而且把店经营地有声有色。

第三，不仅要拓展新关系，还要维护老关系。

有些人容易信任他人，而有些人则不然。想要获得这些人的信任，我们需要长期的交流和沟通，让其见证我们的真诚。因此，定期维护关系非常重要。再好的关系，没有定期沟通，最终也会变得生疏。

信任是人与人之间的桥梁，是一切关系得以维系的基础。想要用情感换取投资，没有建立彼此之间的信任是不行的。有些信任是天然的，而有些信任则需要后天培养。因此，想要获得投资人的信任，就先增强自己的社交能力吧。

## 第四节　哪种团队更受风险投资人欢迎？

"一个篱笆三个桩，一个好汉三个帮"，凭一个人的力量不是不能成功，但是难度要提升许多倍。因此，在融资过程中，我们要善于借助他人的力量，而不是单打独斗。

人人都知道埃隆·马斯克对于特斯拉的重要性，但实际上特斯劳贝尔才是那个在大学时代就把一辆报废汽车变成混合动力汽车的人。在加入特斯拉的团队以后，他一直满怀热情，把所有精力都投入到技术工作中，为特斯的拉发展做出了突出贡献。

特斯拉公司并不是由埃隆·马斯克独自创建的。2003年，马克·塔彭宁和马丁·艾伯哈德一起创建了特斯拉公司，埃隆·马斯克只是最大的股东。

虽然埃隆·马斯克将特斯拉带入大众视野，让它成为一颗耀眼的明星，但是其他人在创业时期也为团队做出了不可替代的贡献。可以说，没有这些人的共同努力，就没有特斯拉。

换句话说，除了团队核心人物外，整个团队更是不可忽视的力量。所以，投资方在进行风险投资之前，非常看重对于整个团队的评估。一个好的团队，才能更受投资方的欢迎，更容易获得投资。

那么，什么样的团队才叫好团队呢？主要体现在两方面，如图5-2所示。

```
                    ┌── 01  团队必须是完整的
        好团队 ─────┤
                    └── 02  保持良好的精神面貌
```

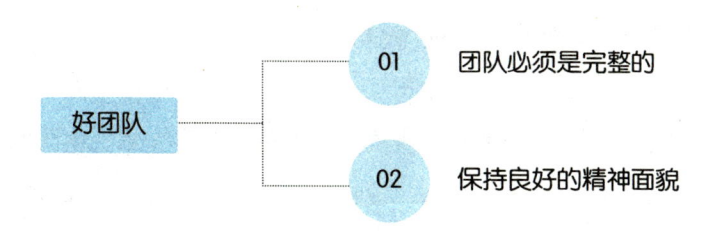

图5-2　好团队的标准

第一，团队必须是完整的。

在评价团队好坏之前，至少要保证团队是完整的。对于不完整的团队，谈论好坏有点为时过早。

创建Facebook时，扎克伯格还是一名哈佛大学的学生，但是Facebook的团队已经非常完整了。扎克伯格是编程天才，Facebook的前身Facemash就是他的手笔，因此他主要负责技术和管理团队。

爱德华多·萨维林是扎克伯格的学长，他出身于迈阿密上流社会家庭，在耳濡目染之下，拥有比其他人更好的商业嗅觉。因此，萨维林成为Facebook的首席财政官和项目经理。

达斯汀·莫斯科维茨是扎克伯格的室友，他在大学期间自学了编程，拥有强大的社交能力和韧性，在Facebook成立初期负责宣传工作。

除此之外，扎克伯格大学时的室友克里斯·休斯也是Facebook团队的早期成员，为扎克伯格提供了不少创意。

可见，在扎克伯格还没有走出哈佛校园时，Facebook已经拥有一支很完整的团队了，更别说之后他还遇到了后来担任Facebook总裁的肖恩·帕克。

从Facebook的团队架构出发，我们可以看出，一支完整的团队，至少应该有技术人员、宣传人员、财务人员以及市场人员。而团队的每个成员都有自己的专长，互相填补对方的缺点。

根据木桶理论，最短的那块板决定了木桶能装多少水。团队的完整性，可以弥补每个人身上的短板。或许把团队里的每个人单独拿出来，都难成大事，但集合在一起，就能迸发出惊人的力量。

所以，我们需要明白这一点，团队越完整，成功的可能性就越大。这种完整性与人数多少无关。如果一支团队中有许多人，但每个人都是技术人才，那么这样的团队显然是不行的。

保证了团队的完整性，相当于团队实现了从0到1的突破。虽然只是"1"，但这却是从无到有的飞跃。接下来要做的，就是让团队中的人变得更加专业，更加强大。只有团队成员不断成长，不断提高专业性，才能推动整个团队前进。

团队中的任何一个成员跟不上团队的步伐，都将会拖慢整个团队的进度。成员跟不上团队发展，就会让团队寸步难行。比如，一个以高科技产品为主要项目的团队，如果只重视技术研发，缺少宣传方面的人才，那就难以打开市场，找不到第一批用户；如果缺少外观设计方面的人才，产品就会缺少吸引力，宣传也会受到影响；如果缺少市场营销方面的人才，那就不能扩大自己的用户群体，最终只能成为小众圈子中的话题，难以取得真正的成功。

第二，保持良好的精神面貌。

态度决定命运，这句话虽然夸大了态度对于成功的重要性，但不是完全错误的。精神饱满地去做一件事情，与萎靡不振、敷衍了事相比，效果一定大不相同。所以，团队的精神面貌，同样是投资人关注的重点。

"狼性文化"一度在国内企业中大行其道，其实，"狼性文化"的发明者远在大洋彼岸的美国。英特尔公司的安迪·格鲁夫就是"狼性文化"的发明者，他在工作中永远充满激情和活力，也正是因为这一点，他才被诺伊斯和摩尔两位创始人邀请加入英特尔。

诺伊斯和摩尔都是硅谷知名的"技术大神"，但是他们两人的性格更偏向于研究者，而不适合创业。他们缺少激情，在管理方面也缺少足够的约束力，而安迪·格鲁夫正相反。格鲁夫加入英特尔以后，立即让团队发生了翻天覆地的变化，会议不再冗长，部门之间不再推诿，那些效率不高的员工还会承受他的怒吼与训斥。当然，刀子嘴豆腐心的格鲁夫并不会真正兑现他说的那些威胁的话。即使如此，在20世纪60年代，格鲁夫还是被称为全球最严厉的老板。

毫无疑问，格鲁夫为英特尔带来了激情，让整个公司都呈现出高效、积极向上、追求成功的精神面貌。这让英特尔的经营业务从存储器向微型芯片转移时，所有员工都自愿、免费加班，进而度过了英特尔成立以来最大的危机。

团队是否拥有精气神，决定了在遇到危机时能否有足够的力量度过危机。许多团队都曾遭遇过致命的危机，凭借一口气硬是撑了下来，最终获得翻盘的机会。因此，对于投资人来说，风险投资就意味着团队的发展不一定会一帆风顺，但是如果团队缺少足够的精气神，缺少足够的意志力，轻易在困难面前选择放弃，那么就一定会加大投资风险，进而导致投资的失败。

所以说，投资方希望自己投资的是一个对创业充满理想、充满激情的团队，而不是一个精神涣散、士气不足，见事不可为就马上放弃的团队。

总之，创业者的个人素质固然重要，但是一支优秀的队伍在充满艰难的创业路上一定能走得更远。投资方重视企业管理者的个人能力，同样重视整个创业团队的实力。所以，如果我们初次创业，没有亮眼的履历，没有辉煌的成绩，但是能打造一支完整、专业性强，并且充满创业激情的团队，也同样能够赢得投资方的信任与青睐，让其愿意冒着风险投入资本。

## 第五节　避开头部市场竞争，才有可能说服风险投资人

风险投资的投资对象，主要是处于创业早期的成长型公司，大部分公司可能在这个时期营业额非常少，甚至无法实现盈利。因此，投资风险比较大，而这也意味着投资人或投资机构会加倍小心，避免投资失败的造成损失。

从另一个方面来说，企业需要别具慧眼，避开头部市场竞争，寻找尚未爆发但极具发展潜力的项目与行业。比如，随着互联网技术的发展，以及企业对于人员管理需求越来越高，HR SaaS领域得到快速发展，并且具有非常好的发展前景。于是，该领域受到投资人青睐，融资数量与融资金额都很理想，仅2016年融资数量就高达41起，亿元以上的就有6起。虽然到了2019年融资数量有所下降，但是新冠肺炎疫情开始后，行

业融资数量连续大幅度增长。2021年，行业融资数量达到29起，融资金额高达66.69亿元。

目前，中国HR SaaS领域的佼佼者要数北森，而它经过数轮融资之后也成为该领域的"独角兽"。北森创立于2002年，全名为北京北森云计算股份有限公司，作为我国人才管理软件的开创者之一，于2010年9月推出了国内第一个人才管理云计算平台iTalent。因为做到了技术创新、深耕细分领域，北森发展迅速，在人才测评市场的占有率持续飙升。

因此，北森的融资也非常顺利，2010年8月获得A轮融资，金额为1000万元人民币，投资人为深创投、天创资本；2013年2月，完成B轮融资，金额为1000万美元，投资人为经纬中国、红杉资本中国；2015年4月，完成C轮融资，金额为1.1亿元人民币，投资人为经纬中国、青宥仟和投资、红杉资本中国；之后是新三板、E轮、E+轮融资，金额高达近4亿美元，仅E+轮融资便达到2.6亿美元。该轮融资由软银愿景基金二期、高盛、春华资本、富达国际联合投资，而经纬中国、红杉资本中国、元生资本、深创投则继续追加投资。

完成E+轮融资后，北森成为这一领域估值最高的独角兽，且一骑绝尘，不仅成为行业内领先优势明显的巨头，还超越了国内外很多先行者。

可以说，北森之所以能成功获得风险投资，有战略判断、技术创新的原因，同时也与深耕细分领域、抢得行业先机有很大关系。它不仅实现了强大的技术中台和一体化产品经验，还实现了产品面向客户的定制化需求，以及像To C产品一样的人性化升级。

因此，让自己的公司、项目"与众不同"，才能让创业团队说服投资者。德丰杰全球创始人兼董事长Tim Draper的风险投资箴言是："投资令我吃惊的公司"。也因为这样，他才极大地规避了风险。

同样做到这一点的还有咸鱼游戏。

2013年12月卫东冬创立咸鱼游戏（其公司为星河互动），其合伙人大多是从腾讯游戏挖来的专业人士。在成立之初，团队的定位就是体育手游，当时这一细分领域市场还未爆发，并且具有非常大的发展潜力。卫东冬的团队坚信，只要能优先发力，并且形成一定的优势，便可以在手游市场占据一席之地。

由于具备先发优势力，咸鱼游戏很快在体育游戏领域做出成绩，2015年年底其发行的足球游戏始终在该类游戏畅销榜保持前三名的好成绩。到了2016年10月，仅凭这一款游戏，公司当月流水就达到2000万元。而为了继续提升公司竞争力，卫东冬还成立了研发室，专门研发足球和篮球游戏。

同时，咸鱼游戏也迎来了投资者，2014年5月获得首轮天使投资，首轮融资达到千万；2015年7月完成A轮融资，由华谊兄弟领投，动域资本、景林投资、集结号资本跟投；2016年10月，拿到超过亿元的B轮融资，投资人是浙江金科娱乐文化股份有限公司、上海澜亭投资以及华谊兄弟；2017年5月，在B轮融资完成半年之后，再次拿到B+轮1.8亿元融资，投资人除了华谊兄弟，还有曜为资本。

咸鱼游戏之所以得到投资人青睐，其中一个关键因素是团队很专业，合伙人发挥了最大价值。不过更重要的是体育游戏这个板块的发展前景，当时电竞市场异常火爆，体育游戏却被不少人忽视，尤其是手游这一领域更加明显。除了几款老牌国外体育游戏之外，市场上并没有其他手游能强势地占领市场。同时，这个细分市场有很大潜力，用户基数与扩容量都不容小觑，而这便是投资者不断加大投资、争相投资的关键。

在融资过程中，我们与投资方关注的重点是不同的，我们关心的是资金是否到位，而投资者关心的是投资的成功率。如果项目不能让风险投资者得到高额回报，他们恐怕也不愿意承担风险，更不愿意投入资金。而想要打造高质量的企业，我们需要做到"与众不同"——发现尚未爆发的细分领域，避开与头部市场竞争，不容易被竞争对手复制。

## 第六节　想从风险投资中得到多少资金？

对于创业者来说，向风险投资方融资一次，就等于经历一次磨难——不仅要付出大量的时间、精力，还需要花费大量资金成本。同时，资本市场上有融资需求的企业实在太多了，因此很多企业一旦抓住机会，便会想办法把企业估值抬高一些，尽可能多得到一些资金。

然而，在现实中，并不是我们需要多少资金，投资人就会投入多少资金。如果只是我们看好自己的项目，想当然地告诉投资人我们预计能在短时间内把市场占有率提升多少，把利润扩大多少倍，或者直接说某企业（竞争对手）得到500万美元，我们也需要融资500万美元，这恐怕很难与风险投资方达成一致意见。

风险投资方看重的是项目的质量与前景，同时通常会用回报倍数来衡量所投资项目的质量。对于成长型企业或者初创企业来说，存在着很多风险与不确定性，包括业务层面的，也包括市场、政策层面的。因此，风险投资更看重企业的发展潜力，并且根据其综合实力、市场情况对企业进行估值。

估值其实就是公平市场价值，是根据企业实际状况、市场情况而做出的对于企业内在价值的一种计算。其计算方法有很多种，但比较常用的是可比公司法，即挑选同行业可比或可参照的上市公司，以同类公司的股价与财务数据为根据，计算出首要财务比率，比如市盈率（价格/利润），然后用这些比率作为市场价格乘数来推断企业的价值。在国内，风险投资机构通常使用市盈率法来进行估值。另外还有现金流折现法，即预测企业的未来自有现金流、资本成本，同时对未来自有现金流进行贴现，其现值就是企业的价值。因为初创企业的预测现金流有很大的不确定性，所以其贴现率要比成熟公司高出很多。运用这个方式，也可以让投资人有效地预测投资风险。

确定了企业的估值之后，我们便可以与投资人讨论股份对应的价格，然后拿出一定份额的股权来融资。其融资净额就等于估值乘以股权比例。一般来说，我们拿出的股权不能太多，否则就面临着失去控制权的危机，同时也不能太少，否则无法吸引投资人的兴趣，最好是15%~20%，同时还需要考虑之前天使轮已经释放出的以及之后融资需要释放出的股权比例。

而风险投资方一旦决定投资，那么他们就认为项目有很大把握会成功，能为自己带来较高的回报。但是，再有把握的事情，也有失败的可能性。投资人会尽量降低投资风险，在投资时尽量压低企业的估值，进而少投入一些资金。所以，创业团队需要想办法把融资的实际估值尽量抬高，尽量多获得资金。

我们以哈罗单车为例，来讲解如何抬高企业估值。

2017年，哈罗单车开始向二三线城市布局，深挖三线及以下城市巨大的立体化出行市场空间，并且在全国范围内启动运营新模式——新用户免押金。这使哈罗单车有了很大的发展，估值开始上升，并开始新一轮融资计划。

由于战略定位清晰，哈罗单车很快获得资本青睐，2016年11月，完成A轮融资，投资方为GGV领投，磐谷创投、愉悦资本、贝塔斯曼亚洲投资基金等跟投。2017年10月，哈啰出行与永安行低碳科技合并，业务由哈啰单车负责。他们在一年时间内完成多轮融资，其中包括蚂蚁金服与复星集团领投的D轮融资，金额为5亿美元。2017年12月，完成了D1轮3.5亿美元融资，投资方包括蚂蚁金服、威马汽车、成为资本以及富士达等；同月，又宣布完成10亿元D2轮融资，由复星领投，GGV等跟投。

从以上内容可以看出，哈啰出行的融资情况非常乐观，并且估值比较高。其中关键就在于投资方看好其项目质量，并且相信它能为自己带来较大的回报——哈罗单车的发展非常好，虽然之前不起眼，但是之后不断反超，拿出了非常亮眼的成绩单，短短两个月里注册用户数增长了70%，日骑行订单量更是增长100%。

我们融资的目的是解决资金短缺问题，也是为了把企业带入下一个发展阶段。这意味着我们需要明确几点问题，即这个过程需要多长时间，需要多少资金，要做到心中有数，然后再详细地规划和预算，计算出一个额度。这样一来，我们在扩张、升级新产品时便不会再次出现资金短缺的问题，或者在还没有进行下一轮融资之前，就把钱全部花完，让自己的资金链断裂。

因此，在确定融资金额时，我们需要增加本轮融资的额度，最好是预先估算融资额度的1.5~2倍。为此，我们可以适当地多出让一些股份，这样不仅可以保障资金的充足，使企业得到大跨步发展，同时还可以提升股权对于投资人的吸引力。

总之，因为立场、角度不同，企业与投资人在融资金额上考虑的因素也不同。我们通常是因为企业的发展需求而寻求融资，所以为了避免生存危机，往往考虑多融资，少稀释股权。但是，融资金额并非由我们的主观意愿决定的，必须考虑企业估值、投资方对于风险因素的考量、股权稀释、满足企业下一步发展等关键问题。我们要确定合理的融资金额区间，上限是能让企业更快实现短期发展目标，并且为可能的风险预留出足够的资金，下限是满足企业业务发展需求，能支撑到下一次融资，这才是科学的融资额度。

# 第六章

银行融资

——远在天边，近在眼前

## 第一节 银行融资究竟好在哪里？

创业几乎很少有一帆风顺的情况，更没有毫无风险的情况。遇到风险，想生存下来，仅凭团队自己的努力是远远不够的。所以，在融资、投资机制还不成熟时，创业者需要使用各种方法来回笼资金，保证项目能继续发展下去。

有些团队如甲骨文，依靠营销团队的"三寸不烂之舌"，把尚不成熟的产品销售给用户，用未来更新的承诺换来资金。还有些团队像英特尔，放弃部分业务，对企业结构、股权进行重组，以保证资金的充足。

其实，这就是早期的融资方法。这些方法如今同样适用，但是最好要有银行审核相关资质，以保证不会出现纠纷。这种通过银行作为中介的融资方式，也可以称之为银行融资。当然，我们本章要说的银行融资，并不是由银行充当中介的融资方式，而是以银行作为主要融资对象的融资方式。

银行是金钱汇集的地方，是依法经营货币信贷业务的金融结构，主要业务都是与资金挂钩的。但是，在寻找投资时，很多创业者首先想到的却不是银行，而是天使投资、风险投资。任何融资方式都有其优缺点，银行融资在某些时候的确不是最佳选择，但这并不代表银行融资就是一种不值得考虑的融资方式。

现在我们不妨来看看，银行融资的优势在哪里，以便衡量银行融资是否比其他方式更适合自己。银行融资的优势主要体现在三个方面，如图6-1所示。

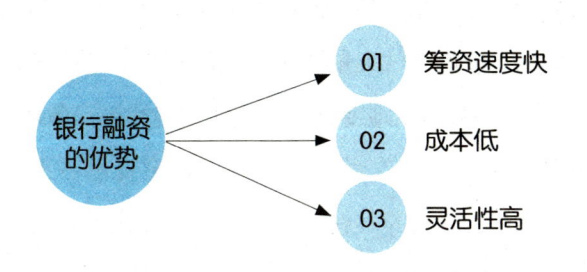

图6-1　银行融资的优势

第一，银行融资最大的优势在于筹资速度快。

不是每个投资人都能随时随地拿出一大笔资金用来投资，即使双方已经谈好了融资金额，资金也不一定马上就会到账。拨款时，投资人可能选择分批到账、按时间到账的方式。有些团队在融资的过程中，就遇到过资金迟迟不能到账的情况。

对于投资方来说，在融资时需要知道创业团队在每个阶段要支出多少费用，希望达成怎样的效果。对于创业团队来说，急需获得投资方的资金，如果投资方没能按照计划提供资金，项目就无法按照预期开展，同时实现收益的进程就会放缓。

要知道，天时、地利、人和，都是创业成功所必需的。对于企业发展来说，商业计划中的每个时间节点都至关重要。一旦在关键时刻缺少充足的资金支持，那就意味着企业可能错过了重要的机会。下一次机会什么时候到来，谁也不知道。因此，这样的失误很有可能直接拖垮创业团队，进而引发创业失败。

但是，向银行融资便不会存在以上问题。只要符合融资资质，企业就能迅速获得资金，进而保证每个阶段的资金都是充足的，每个阶段的计划都能正常执行，不会错过任何一次机会。

第二，银行融资的成本低。

与其他融资方式相比，银行融资的成本也相对较低。融资的原因主要就是缺少资金，而为了融资支付大量成本费用，就颇有些本末倒置了。然而，许多融资方式都不可避免地要支付资金使用费和融资费用。

资金使用费，顾名思义，就是在融资的时候向资金提供者支付报酬，包括利息、租金、股息、红利等。在融资中，这些支出是不可避免的。创业者用未来的资金换取当前的发展，必须支付这些费用。但是这样一来，必然会减少未来的收益。

融资费用是那些想要快速融资的创业者需要支付的，尤其是在认识投资人的过程中，需要向中介支付咨询费。一般来说，单笔融资费用不会很高，但当时我们的融资还没有成功，就需要一笔接一笔地支付，这些费用累计加起来，也是一笔不小的支出。

而向银行融资时，我们只需要支付利息即可，而利息一般不会太高。但是，选择银行融资的企业，往往在短期内承受较大的经济压力。偿还银行本金、利息的期限相对固定，虽然有申请延期的机会，但延期的时间也是有限的。一旦没能如期偿还，就会影响企业资信，今后再向银行融资时，就会出现种种限制。

因此，在决定是否选择银行融资之前，我们要确定所需要的是长期发展的资金，还是短期应急的资金。只有做好了计划，才能万无一失，找到最适合自己的方案。

第三，银行融资还有一大特色，就是灵活性高。

对于其他融资方式，企业与投资人之间总是避免不了要在期限、金额、利益等方面反复协调。融资太少，很难让创业团队坚持下去；融资太多，股权被稀释太严重，很可能失去控制权，甚至连整个团队都有可能被投资人带走。

银行融资就不存在这种情况，只要企业的资质符合标准，那么融资的期限、金额、利息，都可以灵活商议，不会在任何方面被打折扣。

当然，任何融资方式都不可能只有优点没有缺点，银行融资的优点明显，缺点也很明显。概括起来，就是限制比较多。

银行作为严格遵守各种规定，有最强风险意识的金融机构，在投资的过程中会加强对企业资信的审查，加强对企业运营的监管力度。在融资之前，银行就已经在协议中标注好需要遵守的条款、原则，同时督促创业者必须定期向银行提交报告。一旦银行发现企业的运营与财务状况出现问题，或违背了之前的条款，便会按照违约条款做出处罚。

在资金的使用上，银行也做出了种种限制。也就是说，并不是融资成功以后，创业者就可以自由地使用这些资金。银行的资金要使用到哪些地方，使用多少，使用阶段和期限是什么，都要受到严格限制。比如，贷款的用途是购买固定资产，那么即使营销宣传再缺少资金，企业也不能挪用。

不仅在资金的使用上，银行对于融资金额本身也有很多限制。为了减少资金压力，降低出现坏账的风险，银行不支持把大笔资金长期借贷出去。对于那些需要应急的团队，融资金额少，使用时间短，银行融资就能快速、灵活地满足他们的要求。但对于需要大量长期资金，刚刚起步创业的团队来说，银行就很难答应其贷款请求。

## 第二节 银行融资，并不仅仅是向银行融资

提到银行融资，人们通常会认为就是从银行获得贷款的融资方式。贷款的确是银行融资的主要方式，但不是唯一方式。作为资质齐全的金融机构，银行的信用度非常高。因此，许多金融活动都可以通过银行充当中介来进行。

许多人提出疑问：既然已经通过银行进行融资了，那为什么不直接从银行融资呢？虽然我们在上一节中提到从银行融资的种种优点，但这是建立在创业团队有资格从银行融资的前提上。想要从银行融资，最重要的前提就是要有能作为质押的固定资产，或者具有强大实力的第三方做担保。而这些，正是创业团队或者中小型企业难以做到的。

直接向银行融资，属于典型的担保模式，而以银行为中介向其他人进行融资，就是非担保模式。后者既有银行充当中介审核双方的资质，又不必满足银行贷款的严格条件，是许多创业团队的最佳选择。

以银行为中介的融资方式有很多，在这里我们来系统地了解一下，看看究竟哪种更适合我们，更容易进行操作。我们来具体了解六种融资方式，如图6-2所示。

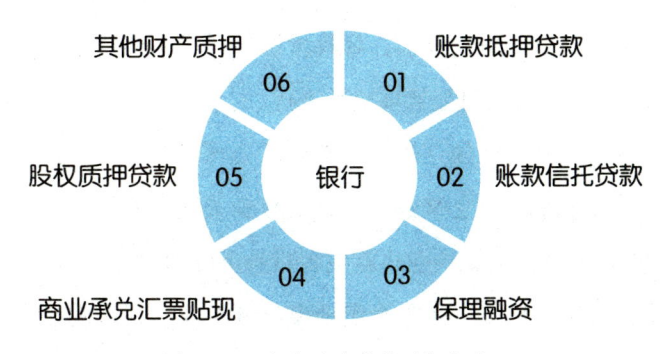

图 6-2 以银行为中介的融资方式

第一，账款抵押贷款。

这种贷款方式对于互联网企业来说并不适用，而适合那些生产实际产品的企业，因为这样的企业会定期收回货款，然后用货款作为抵押，向银行申请贷款。

利用这种融资方式的企业，也需要通过银行的一系列审核，主要审核内容是产品购买方的资质。企业的产品购买方信用良好，具有一定的实力，就能满足银行的放款条件。而满足条件以后，企业需要在指定银行中开设特定账户，之后由产品购买方在一定期限内将货款打入账户。

这种融资方式，相当于银行提前为产品购买方支付了货款，融资企业不需要付出任何股权就可以融资成功。需要注意的是，产品购买方一定要在期限内把资金打入指定账户，不能逾期，另外即使打入其他账户，也不算还款完成。

第二，账款信托贷款。

办理账款抵押贷款时，银行需要承担一定的风险。一旦产品购买方遇到问题，无法及时付款，贷款就无法回收。但是如果加入信托机构以后，货款的回收就增加了一重保障。

账款信托贷款，即在企业和银行之间加入了信托公司，三方共同签署合同。企业向银行申请贷款，将收款资格委托给信托公司，信托公司负责款项的回收，之后再把款项交给银行。

信托机构的财产是独立的，既然信托公司签署了合同，到期以后就由信托公司直接把款项交给银行，大大减少了银行的风险。银行的风险小了，融资意愿就强了，企业也就更容易融资成功。

但是，信托机构不会毫无缘由地参与到企业与银行的融资活动中，他们的目的是赚取相应费用或佣金。所以，利用信托机构进行银行融资，企业需要支出的融资成本会有所增加。

第三，保理融资。

保理融资是将企业销售商品获得的款项的收取权转让给银行，然后从银行处获得资金。这看似与账款抵押贷款一样，但对于正在寻求融资的创业团队来说则有着完全不同的意义。

申请账款抵押贷款的企业，应该收取的款项并不会因为将其抵押给银行而减少，相反，因为向银行贷款又使企业增加了新的债务。所以，从财务报表上看，企业的负债率是在增加的。

保理融资则完全不同，保理融资则是直接将应收款项交给银行。需要回收的款项减少了，资金增加了，企业负债率大大降低了。

保理融资又分成两种形式，一种是有追索的。有追索，意味着应付款方如果无法在规定日期交付款项，银行有资格向贷款企业追索。另一种是无追索的。无追索，意味着银行就只能向应付款方追索欠款。

第四，商业承兑汇票贴现。

商业承兑汇票贴现，指将还没有到期的商业承兑汇票转让给银行，银行会根据利率扣除利息，把结余当成贷款，提前付给持票人。

这样的融资方式，对出票人的信用要求很高。但是，在这一行为中，出票人付款的期限相对来说较为宽松，经济压力较小，且办理方式灵活，操作简单。利用信用结算贷款，企业需要付出的成本较低。贴现完成后，企业在银行的商业信用还会增加。所以，无论是持票人还是出票人，都乐于接受这种贴现行为。

商业承兑汇票贴现与保理融资一样，同样分为有追索和无追索两种。但银行愿意接受的出票方，往往都是具有很强实力的企业，所以大多数银行都愿意办理无追索的商业承兑汇票贴现。

第五，股权质押贷款。

股权质押贷款是很常见的融资方法，指有限责任公司的股东将股权质押给银行换取融资。换取的融资并不是无期限的，双方要约定一个时间，到期以后要返还资金，同时解除抵押。

在计算融资金额的时候，银行会考虑每股价值多少，质押方是否存在负债和应收欠款，然后再按照核算出的价值的70%~90%给出融资的具体金额。

过去，未上市的企业股权价值难以估量，所以银行很少接受这些企业的股权质押。随着时代的不断发展，股权质押变得越来越普遍，未上市企业的股权也可以质押。

未上市的企业选择质押股权有很多益处，银行作为专业机构，能更好地估算股权价值，有利于未上市企业确定自己的股权价值。同时，在融资时，利用股权做质押，也能帮助企业节省很多成本。

上市企业的股权是更好的质押物品，因为其具有更好的财产性和转让性。但是，被质押的股票是不能流通的，不能在市场交易，避免股东通过质押股权套现。

第六，其他财产质押。

财产不仅仅包括现金、现金等价物等，还包括其他受到认可、保护，有交易权、转让权的财产。特别是有些物品虽然不是现金，但在某种情况下能转换成现金、现金等价物，可能比一般资产价值还要高。这些物品，自然可以作为银行融资抵押物。

最常见的抵押物是动产，包括企业在从事生产的时候，未经销售的产品存货或者还没有投入生产的原材料。这些物品有价值，能转让，因此可以作为抵押物。但是，动产的产权变化很快，产品刚刚抵押就被销售了，或者原材料刚刚抵押就被消耗掉。在这种情况下，银行就要承受较大的风险。

监管仓仓单质押能有效解决这一问题，企业可以选择有资质的大型物流、仓储公司，将动产交给其监管。物流、仓储公司会出具仓单，证明企业确实将动产存放在物流、仓储公司，有了这样的证明，企业就可以用仓单向银行申请贷款。

被出具仓单的动产并非不可使用，但要经过物流、仓储公司以及银行的允许才能使用。如果没有经过银行的同意，申请融资的企业就使用了这些动产，那么物流、仓储公司也要负连带责任。

没有实际产品、原材料的企业，同样也有类似的抵押物。比如，收费权、知识产权，都可以将其抵押给银行，申请融资。

很多企业有政府相关部门批准的收费权，比如污水处理、垃圾处理、公路收费、有线电视收费等权限。用这些收费权作为抵押，风险很小，毕竟这些收费定期、定量，可控性高。对于企业来说，只是提前利用这些资金，既不会带来太大的经济压力，也不会影响企业信用。对于双方来说，都是更可接受的融资方式。

很多企业拥有可转让专利权、商标权、著作权，这些知识产权是有价值的，可以在经过评估以后，再将其提供给银行做抵押物。但是，由于知识产权变现存在较大难度，实施起来很不方便，所以并不是所有银行都愿意接受以知识产权做抵押进行融资。

总之，银行融资的方式多种多样，有些是通过用合适的抵押物向银行贷款，有些是以银行为中介向第三方贷款。无论哪一种方式，银行都具有高信用度、低风险的优势。因此，银行融资是中小型企业，以及规模不大的创业团队的第一选择。

## 第三节　银行融资远在天边，近在眼前

银行融资成本低，效率高，操作流程简单，并且能根据不同情况灵活选择融资方式，是非常理想的融资方式。但是很显然，银行融资并没有取代其他的融资方式，原因就在于，银行为了保证把风险降到最低，制定了比较严苛的贷款条件。因此，银行融资会给人一种远在天边，近在眼前的感觉。

那么，如何把远在天边的银行融资直接拉到眼前呢？

最核心的办法，就是针对银行对风险限制的高要求，取得银行的信任。在提交申请以后，银行就会对企业进行一系列审查，审查的内容主要包括企业的负债率是否符合要求，是否有连续亏损的现象，财务报表是否真实，以及是否有其他违规行为。企业通过了最初的审查阶段，就相当于跨过了银行融资的第一道门槛，正式进入评估阶段了。

银行在评估企业时，重点查看的是企业的信用等级、业务评价以及担保价值，其中最重要的就是信用等级的评估。信用等级的高低，决定了评估之后的授信额度，也就是融资上限。信用等级越高，授信额度就越高，企业能从银行获得的融资就越多。但是，一般来说，从第一次

融资以后，每年都要重新评定一次信用等级。只要企业不出现太大的变化，信用等级就会逐渐上升。

企业处于不同行业，评估的标准也不一样。一般来说，要根据企业指标、财务状况是否健康，经营管理方面是否成熟来评估。不同的行业存在的风险也不一样，所以主要还是根据当前的经营状况，预测未来的经营状况、行业的发展态势等。

企业指标，包括企业在行业当中所占据的地位如何，经营状况是否良好，产品前景如何，用户数量是否稳定等。总体来说，就是企业在主业上的表现是否良好。

财务状况健康程度，是指企业资产增长率、负债率、现金流等情况。

经营状况，指企业是否有自己的企业文化，股东是否团结，管理者和员工个人素质如何，以及企业的各项制度是否健全。

最后，还要查看国家的对于行业的扶持力度。

这些因素综合起来，由银行的审查人员来打分，再评出等级。不同银行有不同的评级标准，但评级只对最后的授信额度有比较大的影响，并不能起到最后的决定作用。高评级最大的优势，是在审核的流程中，能减少审批流程的复杂程度。

评定好信用等级以后，银行各部门的负责人会根据当前市场状况、政策要求、行业发展、各项标准等进行最终的评审，决定授信额度。这时，融资额度才算盖棺定论。

信用等级评定结束，授信额度也已经确定，接下来就是融资阶段。向银行直接融资，根据资金去向，一般分为流动资金贷款、项目融资贷款和固定资产贷款，如图6-3所示。由于银行会监督资金的使用，所以在申请之前，一定要确定资金的使用方向与申请内容一致，避免出现违规情况，降低自己的信用评级。

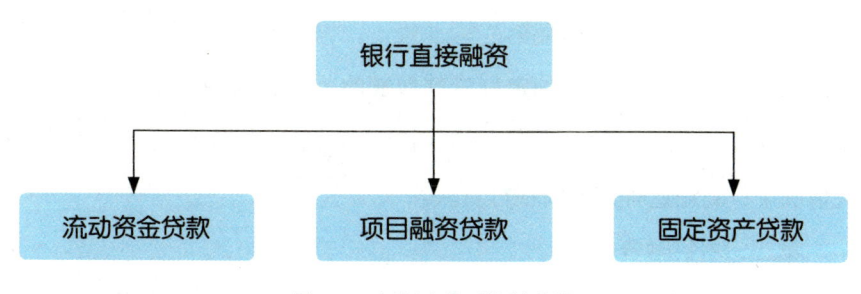

图 6-3 银行直接融资的分类

第一，流动资金贷款。

企业周转、团队运营，都离不开现金流。出现现金流断裂后，如果不能在短时间内解决，甚至会直接击垮经营状态良好的企业。所以，企业在遇到问题时向银行寻求流动资金非常常见。

流动资金贷款按照时间可以分成临时、短期和中期三种。时间最长的中期流动资金贷款，也只有三年，远远不如风险投资。因此，以流动资金为目的向银行融资，并不能代替风险投资。想要得到更长时间、数额更大的流动资金，还是要寻求风险投资。

流动资金循环贷款是流动资金贷款的另一种形式，与流动资金贷款不同的是，流动资金循环贷款并非一次性贷款，而是在合同期限内，按照规定可以反复借贷。虽然这种方式并没有提高企业的授信额度，但还是会提高风险性。所以，能申请流动资金循环贷款的企业，都有较高的信用等级。

除了时限不同的流动资金贷款外，还有法人账户透支、备用贷款这两种增加企业流动资金的贷款方式。

法人账户透支，是以法人账户进行信用透支，用来保证企业有足够的流动资金。这看似与信用卡的功能很像，但有企业信用做担保，还款期限更长。有些企业法人在银行有数目较多的存款，却没有进行大量融资，就可以使用这种方式融资。

备用贷款是一种提前约定好贷款数额的行为，那些信用极好、实力雄厚的企业，可以提前获得银行的贷款承诺。我们可以在流动资金不足的情况下，利用这种方式向银行贷款。

第二，项目融资贷款。

项目融资贷款与流动资金贷款有很大的差别，项目融资贷款是为特定项目发放的贷款。这种贷款的期限大多较长，可以根据项目不同的阶段分成固定资产贷款、项目前期贷款、项目运营期贷款、项目搭桥贷款、并购贷款等。

项目融资贷款很不灵活，银行的资金要投到项目中去，而还款的主要来源也是项目产生的收益。一切行为都围绕着项目进度，不能延期和循环。只有那些纯粹以项目收益为还款来源的贷款，可以在宽限期内只偿还利息。

根据项目不同阶段，银行提供的资金要有相应的用途。项目前期贷款，主要是向融资方提供足够的资金来购买生产设备、原材料或者物资。而项目运营期贷款，则是项目已经基本完成，但是还没能产生收益。在这段时间里，企业需要一定的资金来保证运营，直到有足够的现金流。项目搭桥贷款，是指在项目建设时期各项拨款还没有到账时，用来支持项目的过渡性贷款。

并购贷款是项目融资贷款中相对特殊的一种，作为项目融资贷款，并购贷款只能用于并购。偿还贷款的来源，只能用股权分红。在这一过程中，银行要冒着较大的风险，所以偿还期限一般不能超过五年，贷款担保要求也非常严格。

第三，固定资产贷款。

固定资产贷款，就是购买固定资产（包括房屋、建筑物、机器、机械、运输工具以及其他与生产经营活动有关的设备、器具、工具等）所需的贷款。

总之，只要我们弄清楚银行融资的要求，就能更快速、便利地融资成功。而弄清楚使用要求，才能持续与银行保持良好关系，为后续融资打好基础。

## 第四节 展示给银行的财务报表应该怎样做？

财务报表质量不高，难以达到银行的授信要求，是很多中小企业融资失败的主要原因之一。我们知道，银行在考察企业时不仅要看企业规模大小、实力如何，以及资金缺口怎么产生的，更关注财务状况，比如短期偿债能力、长期偿债能力以及现金流是否健康。

因此，在融资过程中，我们必须编制相应的财务报表，将企业的财务状况展示给银行，让银行了解公司的盈利能力与偿债能力，这样一来，银行才能放心地将贷款发放给企业。那么，在财务报表中，我们需要重点体现哪些财务指标呢？如图6-4所示。

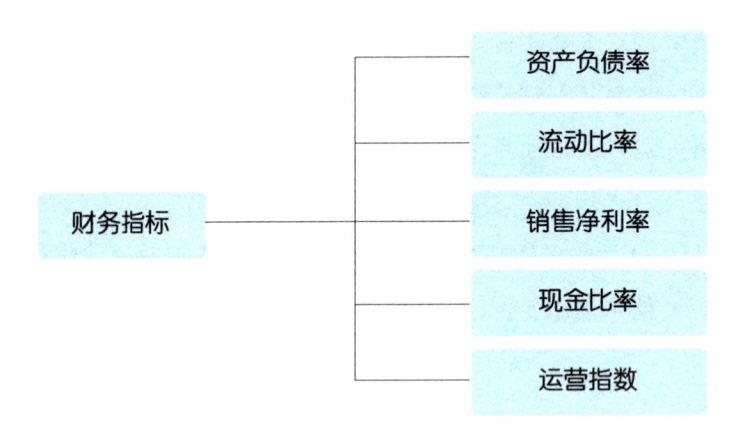

```
                    ┌──── 资产负债率
                    │
                    ├──── 流动比率
                    │
   财务指标 ────────┼──── 销售净利率
                    │
                    ├──── 现金比率
                    │
                    └──── 运营指数
```

图 6-4　银行融资时财务报表中需要体现的财务指标

第一，资产负债率。

资产负债率是企业全部负债与全部资产的比率，表明了在企业资产总额中债权人提供资金所占的比重。这个指标是衡量企业负债水平及风险程度的重要指标，一般应该保持在40%~60%。如果资产负债率过高，则说明企业负债过多，即借贷的资金过多，会导致财务风险过高。

对于银行来说，贷款给企业，就成了企业的债权人，最关心的问题是资金的安全度，即是否能按期收回本金和利息。所以，如果我们在财务报表中不能展示资产负债率，那么就无法取得信任，进而导致融资失败。

不仅如此，大公司资产负债率的数据如果"太难看"，也会导致融资困难重重。

2018年暴风影音的公司财报数据显示，其实现营收为11.23亿元，同比下降41.34%；归属于上市公司股东的净利润为亏损10.9亿元。而到了2019年第一季度，营收持续下降，同比下降81.6%，利润也持续下降，净利润为亏损1749.5万元。

2018年，暴风影音便处于严重资不抵债的状态，资产负债率高达169%，此外，偿债指标流动比率、速动比率、现金比率也远远低于正常水平。这样一来，银行贷款给暴风影音，风险就太大了。所以，其融资计划一再失败，不仅定向增发股票的募资计划无疾而终，向银行融资的计划也没有下文。

第二，流动比率。

流动比率是衡量公司债务的最常用工具之一，主要衡量的是公司计划在未来12个月内使用的资产和公司必须在12个月内偿还的债务。这个指标可以让银行了解到我们是否有能力利用手中的资产来偿还未来12个月内必须偿还的债务。

在体现这个指标时，我们需要详细展示公司的流动资产，包括应收账款、存货和交易证券等；流动负债，包括应付账款、短期票据、应付税项等。如果这个指标比较低，那么对于公司来说是一个非常危险的信号，这意味着不能很好地偿还债务，或是公司在负资产的情况下运营。

与这个指标相关的是速动比率，它是速动资产（包括流动资产减去存货、预付账款、待摊费用、待处理流动资产净损失等变现能力较弱的资产后的余额）与流动负债的比值。因为减去了流动性不强的资产，所以它更能体现公司偿还债务的能力，也是银行最重视的指标。

第三，销售净利率。

销售净利率是净利润与销售收入净额的比值，其表示每百元销售收入带来的净利润是多少。由于净利润是由营业利润加上投资收益、营业外收支净额等构成，所以如果我们只展示企业当期的获利能力，那么就无法让银行清晰地知晓企业的长期发展潜力。因此，我们应该进一步展示主营业务利润率、成本费用利润率、总资产利润率、净值报酬率等财务指标。

对于债权人来说,银行不仅关心企业的负债率,还重视其盈利能力,以及企业未来的获利能力。长期盈利能力强,企业才能利用手里的现金来支付短期债务,同时保证运营的稳定持久性及良好的盈利潜力。

第四,现金比率。

它是现金与流动负债的比值,这里的现金是指会计期末企业所拥有的现金数额,包括现金和现金等价物。

它是衡量企业短期偿债能力的一个重要指标,对于分析企业的短期偿债能力具有非常重要的意义。一个企业如果账上没有充足的现金,那么等到债务到期时,就容易出现没钱可还的问题。同时,如果现金流出现问题,很可能引发资金链断裂,影响企业生产与业务发展。

对于债权人来说,现金比率这个指标非常重要。现金比率越高,说明企业手中的现金储备越多,短期偿债能力越强。但是,这个指标也并非越高越好,现金比率太高,说明企业的资产过多地停留在现金上,进而导致盈利能力减弱,企业发展受限。

因此,银行在分析现金比率这个指标时,通常会与流动比率和速动比率、同行业同类企业的基本评价值一并进行分析,以做出合理判断。

第五,运营指数。

运营指数是经营现金净流量与经营应得现金的比值。这个比率如果接近1,就说明企业的收益质量非常好,可以很好地从经营中获取现金。反之,则企业不能从经营中获取足够的现金。所以,它不仅体现出企业的运营能力,还突出了获得现金的能力,是衡量企业短期偿债能力的关键。

除了以上这些财务指标,在展示给银行的财务报表中我们还需要着重列出几个重要财务指标,包括应收账款周转率、现金流量比、净资产收益率、营业收入增长率等。这些指标直接或间接反映了企业的偿债能力、运营能力、获利能力、发展能力，而通过这些财务指标，银行可以全面地判断和评估企业的经营状况及财务状况，进而做出投资选择。

## 第五节　小微企业要学会与银行打交道

资金紧张、融资难，是大部分小微企业的最大痛点。

原因很简单，从经营能力来看，小微企业规模小，业务发展不如大企业，业绩不稳定，且应对风险能力差，银行担心这样的企业经营时间不长就会倒闭，导致自己的资金收不回；从管理能力来看，小微企业大多是私人创办的小企业、家族企业，采取的是单一管理模式，或者管理呈现粗放、混乱的状态，经营与决策都缺少制度的约束，给经营与发展都带来了很大的不确定性；而从财务方面来看，大多数小微企业缺乏完善的财务制度，而且财务信息不透明，缺乏专业财会人员，这就大大增加了财务管理混乱、会计信息失真的概率。而一些企业还可能为了获得融资，进而做出提供虚假财务报表的行为。

基于以上原因，为了保证资金的安全性、规避贷款不能收回的风险，大部分银行都对小微企业贷款设置了重重障碍，甚至直接拒绝其贷款请求。那么，是不是对于小微企业来说，就无法向银行融资，或者根本不可能从银行获得贷款了呢？其实并非如此。虽然银行对于小微企业的贷款审查非常严格，放款的概率比较低，但绝不是拒绝一切贷款请求。如果企业能完善自身贷款所需条件，调整经营管理策略，建立完善的财务管理制度，那么就可以获得所需贷款。而且，目前国家非常关注小微企业的发展，中国人民银行以及各级政府都鼓励商业银行给予小微企业一定的资金支持。

2022年，国家针对中小企业贷款实施了最新的融资政策，中国人民银行应当综合运用货币政策工具，鼓励和引导金融机构加大对小型微型企业的信贷支持，改善小型微型企业融资环境；国务院银行业监督管理机构对金融机构开展小型微型企业金融服务应当制订差异化监管政策，采取合理提高小型微型企业不良贷款容忍度等措施，引导金融机构增加小型微型企业融资规模和比重，提高金融服务水平；支持金融机构为中小企业提供以应收账款、知识产权、存货、机器设备等为担保品的担保融资等。

而2021年，中国人民银行等金融管理部门创新直达实体经济和中小微企业的货币金融政策工具，累计设立了1.8万亿元的低息专项再贷款和再贴现资金，对7.3万亿元的小微企业贷款实行了延期还本付息的政策，发放了4万亿元的小微企业无抵押的信用贷款。对于产业链供应链上的中小微企业，发放了2.3万亿元的应收账款质押贷款。这促使很多中小微企业、个体工商户得到了资金支持，缓解了资金短缺、发展困难的问题。

那么，小微企业如何与银行打交道，才能有效地获得贷款呢？首先，我们需要了解一点，即小微企业贷款分为信用贷款和担保贷款两种形式，其中信用贷款不需要担保，是根据小微企业资信的好与差来发放的贷款。企业资信良好，即经营水平、财务状况、盈利能力、管理水平和发展前景等方面都比较高，有能力偿还贷款，违约风险极低，那么贷款成功率便高。相反，资信不好，违约风险较低，那么贷款成功率便很低。

换句话说，打铁还需自身硬。比如某小微企业玻璃工艺品公司向银行申请贷款100万元，该地银行本着扶持小微企业的原则，计划发放这笔贷款，但是在审查过程中却发现该企业财务状况有问题，有两笔未结清的贷款，账面比较混乱，且经营状况并不好，营业收入与利润都有作假的嫌疑。另外，其企业法人个人信用记录不良，于是该银行判断其为高风险客户，拒绝了其贷款请求。

可以说，与银行接触时，小微企业要展示自己，展示自己的经营能力、盈利能力、财务能力，进而让银行对自己的资信有信心。最为重要的一点是，我们必须重视财务管理，即使是刚刚开创创业的团队也要具有较强的财务规划意识，做好财务规划，做到财务透明。同时，我们还需要准备一份健康真实的财务报表，这不仅有利于说服银行，对于企业本身的发展也有很大的帮助。

担保贷款则是需要小微企业提供财产作为抵押，如果小微企业无法提供足够的财产作为抵押，也可以提供保证担保，申请保证担保类贷款，有票据的还可以办理票据贴现贷款。即抵押的财产可以是汇票、支票、本票、债券、仓单、提单，也可以是依法可以转让的股份、股票，或者依法可以转让的商标专用权、专利权、著作权等，以及依法可以质押的不动产等。

与银行沟通的时候，我们需要准备充分，提供真实有效的关于抵押物的资料与信息，这样一来就降低了银行的风险，进而更容易得到融资。

另外，我们还需要合理安排贷款期限与金额。如果企业处于初创时期，或者有新品上市，那么资金回笼的速度就比较慢，我们需选择较长的贷款期限；如果企业发展稳定，且产品已经成熟，市场占有率比较高，资金能够快速回笼，那么我们可以选择比较短的贷款期限。但是如果我们不考虑这个问题，在初创时期选择较短的贷款期限，那就会引起银行的怀疑，进而导致融资失败。相对的，如果企业规模小，盈利水平低，甚至还处于亏损状态，此时只因为缺少资金就申请数百万元的大额贷款，那么成功的可能性也很渺茫。

事实上，中小企业融资已经是一个全球性问题，所有银行都无法忽略这个问题，因为他们是重要的资金来源。虽然各银行都比较谨慎小心，但仍不会错过这样的机会——中小企业创造的税收、产品和服务价值非常大，国家65%的发明专利、80%的新产品开发都是由中小企业完成的，且纳税额占了国家税收总额的50%。只要我们不断努力将企业发展壮大，学会与银行打交道，自然可以获得银行的贷款。

## 第六节　还款计划也需巧设计

想要从银行获得贷款，就绕不过还款这个问题。除了贷款利率之外，我们最应该关心的就是还款方式了，因为这关系到我们使用资金的时间，以及所需要付出的代价。不同的还款方式，需要支出给银行的利息不同，贷款资金的利用率高低也是不同的。如果能做好计划，我们便可以用最小的代价，换取最高的资金利用率。

一般来说，还款方式有五种，如图6-5所示。

1 先息后本
2 后息后本
3 不定期还息最后还本
4 等额本息
5 等额本金

银行还款方式

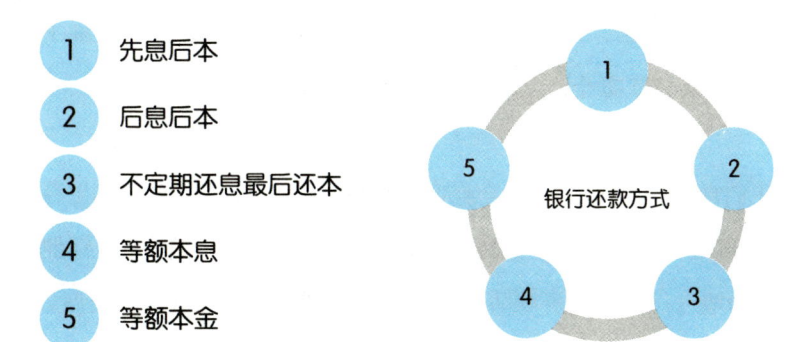

图 6-5 银行还款方式

第一，先息后本。

先息后本就是每月只还利息，到期一次性将本金全部还上。这种还款方式常用于信用贷款，优势是企业只需每个月还利息，可以保证现金流的充足，同时提升了贷款资金的利用率。

李成经营一家服装加工厂，因扩大生产规模，购买机器设备，急需一笔资金周转。于是，李成便向本地工商银行申请贷款50万元。幸运的是，李成的企业虽然规模不大、人员不多，但是经营状况良好，信誉也比较好，很快就拿到了贷款。

而在选择还款方式时，李成犯了难，不知道应该选择哪种还款方式。这时，信贷经理提醒他可以选择先息后本的方式，这样一来，每月只偿还利息就可以了。也就是说，假设贷款年利率7%，贷款期限是12个月，那么李成每个月所需偿还的利息金额为2916.6元。一年后，再一次性还款50万元本金即可。

一次性获得50万元现金，每月只需支出2916.6元利息，这对于把现金流看得异常重要的小企业来说，无疑是绝佳的选择。于是，李成当机立断，选择了先息后本的还款方式。很快，李成利用这笔资金添置了新设备，扩大生产规模，同时他还邀请了一些知名的设计师，与网络平台合作，销售业绩节节高升，企业最终迈上了一个新台阶。

我们常说，企业没有现金就像人体中没有血液，根本无法生存。因为没有还款压力，李成企业的现金充足、流通顺畅，也因为这样他才可以更顺利地进行生产投资等活动，保证企业健康、持续地成长发展。

第二，后息后本。

后息后本就是每个月都无须偿还本金和利息，到期时一次性将本金和所有利息还上。很显然，这比先息后本的还款方式更好，是最大化利用资金的一种方式。同时，这种方式的利息并不高，上例中如果李成选择这种方式，那么需要支付的利息为35000元。

但是，银行很少采用这种还款方式，即使采用，合同中也会规定具体的利息以及期限。而且还有一个前提，企业必须信用良好，有很强的短期和长期偿债能力，否则银行不可能承担这样大的风险。

第三，不定期还息最后还本。

不定期还息最后还本就是按照合同约定不定期还一次利息，到期一次性偿还本金。我们可以选择每两个月还一次利息，也可以选择按季度还一次利息，具体情况还要取决于与银行签订的合同中的相关规定。

第四，等额本息。

等额本息就是我们每月要还利息也要还本金，每月还款的金额是相等的。这适用于纯信用的贷款业务，期限一般比较长，有两年、三年，也有五年的。

假设李成贷款50万元，年利率为7%，采取等额本息方式，期限为三年，那么每月需还款15438.5元，还款总额为555787.7元。我们可以看出，选择这种方式利息还是比较高的，而且企业每月都需拿出一笔资金，影响企业的资金流。如果企业资金短缺的话，也是不小的压力。

等额本息是按照复利来计算的，每次还款结算时，剩余本金产生的利息将与贷款余额合并到一起，再计算利息。如果我们使用资金的周期比较长，最好不要使用这种还款方式。

第五，等额本金。

等额本金与等额本息是相对应的，同样是每月既还利息也要还本金，但是还款金额有所不同，一般按照先多后少的原则。这种方式要比等额本息有优势，虽然一开始的还款压力比较大，但是随着还款时间的增加，利息会越来越少，需要还的金额也越来越少。如果我们使用资金的周期比较长，可以选择这种还款方式，而且贷款年限越长，其优势越明显。

如果李成选择等额本金的方式，年利率为7%，期限为三年，那么每月需还款15438.5元，还款总额为553958.33元。那么第一个月还款金额为16805.56元，第二个月还款金额为16643.52元……最后一个月的还款金额为13969.91元，还款总额为553958.33元。

但必须要注意一点，采取等额本金的还款方式，前期还款压力比较大，如果资金短缺，现金流出现问题，比如不能及时收回账款，那么很容易造成贷款逾期的情况发生。一旦发生这种情况，我们资信会产生不良记录，进而影响之后的融资。

因此，我们需要做好融资计划，同时也要重视还款计划，选择和设计适合自己、减轻企业还款压力的方式。这不仅涉及资金利用率及利息的问题，还涉及我们手中现金是否充足、如何避免出现贷款逾期等问题。

# 第七章

## 民间融资

### ——"路子越野,心越要正"

## 第一节 民间融资不是灰色地带

随着经济的不断发展,创业者越来越多,对于融资的需求也大大增加。融资的形式多种多样,有些受到国家法定金融机构的监控,有些则没有。没有受到国家法定金融机构监控的融资方式,一般都属于民间融资的范畴。

缺少国家法定金融机构的监控,就说明没有相对完善的融资规定,也就容易滋生出违约甚至违法行为。久而久之,人们就会产生"民间融资合法吗"这样的疑问。

大多数民间融资方式,虽然没有国家法定金融机构进行监控,但有《中华人民共和国民法典》等相关法律法规作为依据。遵规守法的民间融资方式,当然是合法的。而那些非法的、不正规的民间融资,也被称为非法集资。

民间融资与非法集资只有一线之隔,操作不当就会违反法律。所以,在进行民间融资之前,我们一定要明白民间融资和非法集资的区别,这样才能合情、合法地获得资金,走上创业成功之路。下面,我们就来看看民间融资与非法集资究竟有哪些不同,如图7-1所示。

民间融资与非法集资的不同
- 01 融资者是否拥有融资资格
- 02 投资者是否具有投资资格
- 03 是否明确告知投资人存在风险

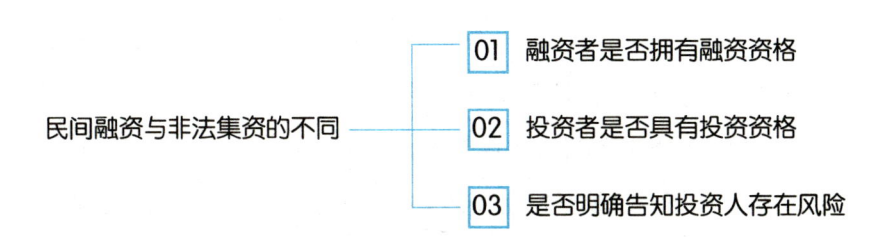

图 7-1　民间融资与非法集资的不同

第一，融资者是否拥有融资资格。

融资资格这一点是非常重要的，无论是向天使投资人、风险投资人融资，还是接受其他形式的投资，都需要接受国家法定金融机构的监管，所以我们需要提前准备好各种文件，向有关部门申请、报备，再进行融资。

民间融资则不同，由于缺少相关机构的监管，所以不需要申请、报备、注册等明确融资资格的流程。由于融资金额较小，流程也比较随意，很多融资方忽略了这一点。严格来说，这种行为不算融资，而是借贷。

即使是民间融资，也需要接受审核，向相关部门备案，这样才是完整的流程，才是合法的融资。

第二，投资者是否具有投资资格。

非法集资的一个明显特征，就是在集资时，没有特定的群体，投资方可以是任何身份、任何收入的人群，投资数额也没有明确的限制。一旦投资失败，那些收入较低、经济能力较差的投资人很有可能无法承受失败带来的经济压力，造成社会不稳定。

众筹平台，看似是面向所有人，但平台作为融资中介，同样对众筹设置了种种条件和限制。这种限制起到了筛选作用，避免经济状况较差的人因为投资失败导致生活陷入困境。

所以，民间融资与非法集资的区别也在于投资方，正规的民间融资并不是不看对象、不划分范围就向所有人融资。

第三，是否明确告知投资人存在风险。

投资不是储蓄，只要是投资，必然存在风险。作为融资方，我们有义务明确地告诉投资方，投资有风险，不可能有固定的利息和回报。

而非法集资，则会特意淡化，甚至隐瞒投资风险，宣称自己的投资十分安全，收益稳定而丰厚，企图用利益诱惑投资人，以达成筹集资金的目的。

那么，投资方要承担风险，融资方就不存在风险吗？显然不是的。民间融资的一大问题就是融资成本高，定期偿还的利息高，违约金高，对企业的现金流、资金链有很高的要求。一旦现金流出现问题，无法按时偿还本息，就形成违约。高昂的违约金，往往需要企业付出极高的代价才能偿清。

民间融资有风险，风险的主要承担者是投资方，许多人既想要投资，又担心血本无归。对于融资方来说，投资方不敢投资，自然也难以达成目的。因此，作为融资方，我们需要把握一个原则——"路子越野，心越要正"。也就是想办法寻求多种多样的融资方式与融资渠道，但是不可跨过法律法规的底线。

作为融资方，我们的任务是主动控制融资风险，既能让投资方安心投资，又能起到自我监督的作用。以下四种方法，可以降低投资方的风险，增加我们获得投资的机会，如图7-2所示。

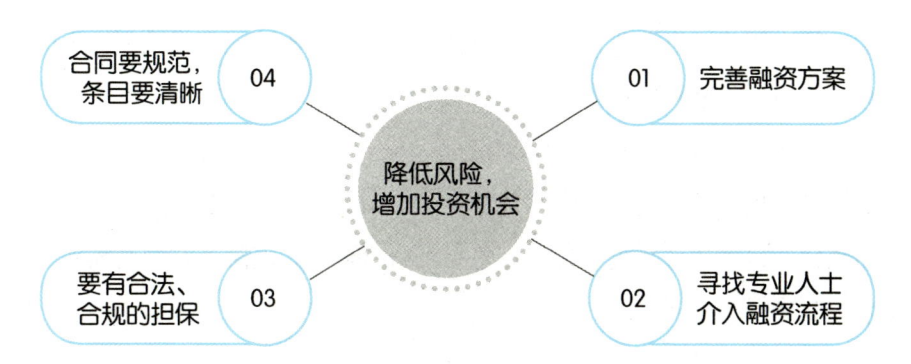

图 7-2　降低投资风险、增加投资机会的方法

第一，完善融资方案。

融资金额并不是越高越好，在不同的发展阶段，需要的资金数量是不一样的。融资金额较高，需要支付的利息也就多，企业的压力也会随之变大。

因此，企业应该制订完善的融资方案，全面考虑好融资规模、利率、融资回报。如果缺少相关经验，不妨找中介机构、业内专家咨询，制订出一套最可行的方案。

第二，寻找专业人士介入融资流程。

民间融资缺少法定金融机构的监管，往往会出现很多纠纷，特别是在制订合同、规范资金用途、抵押物是否合法等问题上。

一旦出现纠纷，协商无果就要对簿公堂，不仅浪费时间与金钱，更是会对企业信用造成负面影响。所以，我们需要寻找专业人士介入融资流程，保证融资顺利进行。

第三，要有合法、合规的担保。

在民间融资中，寻找第三方做担保显然能让投资方更加放心，但并非所有担保都是合法、合规的。

根据法律规定，无民事行为能力人、限制民事行为能力人、政府机关、社会团体、事业单位、法人或其他经济组织的职能部门或者法人的分支机构，作为担保人都是不合法的。

第四，合同要规范，条目要清晰。

民间借贷是民间融资的一种方式，但两者不能等同起来。小额民间借贷往往只需要打张欠条，就算是有了借贷合同，而融资合同则需要更加规范。

在合同文书当中，要使用含义确定的文字，包括借贷双方姓名、单位、利率、利息、融资期限、还款时间等。另外，合同文书的签字必须要是本人亲自书写，千万不能因为关系亲密，就允许其他人代签字，这样的合同是没有法律效力的。

虽然民间融资缺少法定金融机构的监管，但却不是灰色地带。任何违法违规行为，都要受到处罚。因此，民间融资虽然是"野路子"，但在我们还是要把心摆正，不能因为找到了空子，就认为有利可图，触碰法律的红线。

## 第二节 民间融资的主要方式

民间融资是企业融资的主要方式之一，而民间融资的方式具有多样性，主要包括民间借贷、有价证券融资、票据贴现融资、企业内部集资、社会集资等几种形式。

民间借贷，是一种操作简捷、灵活的融资手段，在一定程度上缓解了企业资金不足的问题。尤其对于中小型企业来说，因为规模小、没渠道，很难向银行融资，于是向私人借贷也就成为最后的选择。当然，因为民间借贷具有随意性、无可靠的法律保障、信誉难以维持等特点，所以风险性比较高，容易产生纠纷。这个问题，我们将在下一节中详细阐述，这里不再赘述。

有价证券融资，就是资金短缺的企业向资金充足的企业以有价证券为媒介而实现的融资。有价证券，包括股票与债券。简单来说，资金短缺的企业在市场上发售股票或债券，而资金充足的企业如看好其发展前景，便会选择购入相应的有价证券，之后获得其所代表的财产所有权、收益权或债权。

有价证券融资其实是一种直接融资，企业可以直接获得资金，且资金规模比较大。利用这笔资金，企业可以进行扩大再生产、技术更新，进而促使公司快速发展。因为有价证券可以在市场上交易，所以我们可以在资金充足时购回股票与债券，以保证财产所有权。

票据贴现融资，是指票据持有人在资金不足的情况下，把商业票据转让给银行，银行按照票面金额扣除贴现利息后将余额支付给企业的一种融资行为。这里的商业票据包括银行承兑汇票和商业承兑汇票。因为商业票据支付是非常普遍的支付方式，所以可以在市场上流通，而这也为票据融资提供了可能性。

票据贴现融资有利于把企业手中的"死钱"变成"活钱"，解决资金周转不灵的问题。但是票据一经贴现便归银行所有。尤其对于中小企业来说，这种方式更容易获得融资，而且不需要付出太大的代价。但是融资成功是有前提的，即企业必须有良好的信誉，并且企业信用越好，越容易获得融资。

企业内部集资，即在资金短缺时，企业向本单位内部职工以股票等形式筹集资金的借贷行为。筹集的资金必须用于单位内部的经营活动，如果不是自用,而是向其他企业提供借贷或者转贷给其他人谋取利益,那么借贷行为就是无效的。

企业内部集资的形式主要有两种,一是直接借款,二是发行股票。事实上,很多企业在初创时期为了融资都会选择向员工发行股票。

我们以华为为例,讲解一下企业内部集资。

任正非从成立公司初始便采取了企业内部集资的方式,一方面是为了解决资金短缺的问题,另一方面则是为了进行股权激励,最大程度提升管理层及所有员工的积极性、主动性和创造性。

1987年,任正非与五位合伙人共同创立华为技术有限公司,即华为的前身,采取均分股份的模式。很快,任正非开始进行股改,向员工发行股票,员工可以以每股一元的价格购入股票,几乎实现了全员持股。之后,为了促进企业快速发展,任正非继续进行企业内部集资,使得公司注册资本增加到7005万元。

1997年,任正非进行了股权结构改制。改制前,688名华为公司员工持有股份为65.15%,子公司华为新技术公司的299名员工持有股份为34.85%。而改制后,华为公司工会持有股份为61.86%,华为新技术公司持有股份为5.05%,而其公司工会持有股份为33.09%。员工所持的股份分别由两家公司工会集中托管。到了2000年,任正非单独持有华为公司1.1%的股份,其他股份全部由华为公司工会持有。

作为民营企业,华为并没有上市,也没有向社会公开集资,而是选择企业内部集资的方式。虽然在这个过程中,企业经历了融资难的问题,但是仍然坚持了下来,实现了飞速发展。而这与管理层、所有员工敢拼搏、肯奋斗,以及以"华为人"为荣的精神是分不开的。这就是企业内部集资的优势之一。

另外，我们需要明确一点，企业内部集资不应该成为幌子，如果资金挪作他用，或是未经有关部门依法批准，那么便有非法集资的嫌疑。

最后是社会集资，它包括股份集资、集资联营、合伙经营、以资带劳、利用商业信用、直接借贷等基本形式。因为它是企业向社会有偿筹集资金的活动，最容易与非法集资相混淆，所以我们需要明确这两者之间的界限。

总而言之，民间融资是我们进行融资的主要途径，虽然方式众多，但是我们还需要掌握好原则，谨慎行事，降低融资风险。

## 第三节　民间借贷——最基础的融资方式

民间借贷是历史最为悠久的融资方式之一，这种融资方式一直在银行体系之外，缺少必要的监管与保障。但是，其具有非常突出的优势，可以满足中小企业的融资需求，所以始终存在于人们的视野之中。

民间借贷融资的最大特点是灵活。不需要复杂的手续，不需要漫长的放款时间，简单快捷，无论是融资期限还是融资金额，都有较大的灵活性。最重要的是，民间借贷融资可以随时借款，随时还款，不限频率。中小企业如果现金流出现问题，可以通过民间借贷这种融资方式向个人或企业借款，能够很快解决资金短缺的问题。

民间借贷融资既可以存在于个人之间，也可以存在于个人与企业之间。个人之间的借贷，只要保证诚实守信，资金合法，利率合理，双方协商一致，签订合约，就可以受到法律的保护。而个人与企业之间的借贷融资，则涉及多项规定。因为企业在借贷的过程中，很有可能涉及非法集资的问题，所以，企业想要通过民间借贷向个人融资，必须要保证合同是合法的。

民间借贷融资，主要有四种融资方式，如图7-3所示。

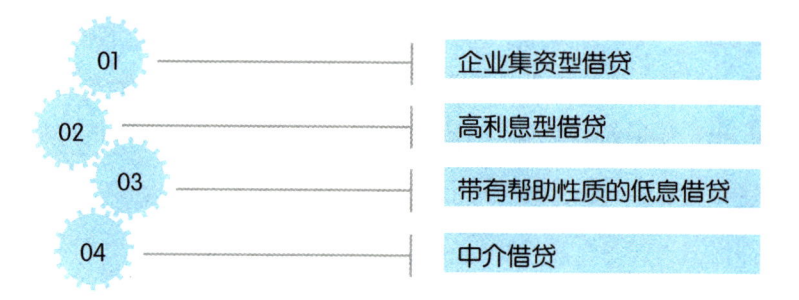

- 01 企业集资型借贷
- 02 高利息型借贷
- 03 带有帮助性质的低息借贷
- 04 中介借贷

图7-3 民间借贷的四种融资方式

第一，企业集资型借贷。

许多行业的资金周转都会有明显的周期性差异，简单来说就是存在淡季和旺季的问题。很多企业到了淡季就会出现现金流不足的情况，为了解决这个问题，企业往往会进行集资。集资对象不局限于企业内部，有时候也会向社会集资。

企业内部的集资对象主要是股东、职工，有些时候也会出售少量股权。为了吸引股东和职工，企业给出的利率要高过银行的贷款利率。向社会集资，一般通过向社会发行有价证券、融资租赁、联营、合资等方式进行。

通过企业集资借贷进行融资，我们一定要谨慎小心，要掌握法律条款，认真对待，保证诚信，以免构成非法集资。

第二，高利息型借贷。

高利息型借贷是最常见的民间借贷融资方式，投资追求回报，而条件越是苛刻的投资，回报往往就越高。融资方在融资成功之后，其还款能力、还款时间、借款用途等，都决定了回报的高低。即使民间借贷融资具有极强的灵活性，想要得到量身定制的融资，也难免要多付出一些代价。

第三，带有帮助性质的低息借贷。

每个人都有遇到困难的时候，而有很多人都有意愿帮助自己的亲朋好友。那么，在遇到困难的时候，与愿意帮助自己的人发生利息很低或不计利息的借贷关系也是很正常的。

第四，中介借贷。

近年来，网贷、中介机构贷款发展较快，而有些贷款带有诱导性质，利率极高，还是不规范，甚至违法的融资方式。

民间借贷有巨大的风险，因此我们需要一定的担保方式。常见的担保方式主要包括担保人、质押、抵押和缴纳定金等。

担保人指由第三方与债权人进行约定，当借款人无法偿还款项的时候，担保人就要偿还款项或者承担责任。这种担保方式只能降低投资人的部分风险，因为经常会出现担保人和借款人都无力偿还的情况。

质押与抵押，是相似的两种担保方式，但对于借款人来说意义则完全不同。质押，要求借款人把质押物交由债权人保管，在一定程度上降低了债权人可能会遭受的风险。对于借款人来说，失去质押物，也就失去了使用权，可能会在生产、生活上产生不便。而对于债权人来说，要收纳、维护质押物，可能会有不必要的支出，还可能因为质押物贬值而蒙受损失。

抵押只是转移抵押物的所有权，并不影响借款人继续使用抵押物，而债权人也不必为收纳、维护抵押物而费心。

缴纳定金的目的主要是保证融资合同能被履行，缴纳定金的一方如果没能履行合同，就会失去定金；收取定金的一方没能履行合同，则要把定金双倍返还。

回报与付出，往往是融资双方最担心的问题。虽然民间借贷融资不受相关机构的监管，但利息、利率在法律上仍然有严格的规定。

民间借贷融资的利息在法律上没有强制性要求，可以有利息，也可以没有利息。但是，如果债权方向借款方主张利息，那就必须要在合同里约定好。如果合同里没有约定利息的数额，或者数额不明确，那么从法律上来说借款人就不必支付利息。

逾期利息不在不支付利息的条件内，因为借款人没有按照合同规定的时间偿还款项，即使合同上没有规定利息，还是要按照银行贷款的利率支付利息。而且即使已经偿还了借款，债权方仍然有权要求借款方按照逾期时间支付利息。

利率，是民间借贷融资最需要注意的问题。按照法律规定，民间借贷融资的利率不得超过银行贷款利率的四倍，超过的部分不受法律保护。这一项是区分合法借贷与非法高利贷的重要特征。借贷方应该明确这一点，最好远离高利贷，一旦遭遇高利贷，要学会运用法律武器保护自己。

需要特别注意的一点是，超过法定利率的部分不受法律保护，不仅是债权方不受保护，借款方同样不受保护。

大学生小刘刚刚毕业就雄心勃勃打算创业。他开了一家小餐馆，很快就开始盈利。但是没想到的是，由于准备不足，餐馆出现了现金流断裂的危机，于是小刘只好求助于网贷。小刘借了两万元，网贷公司提出的利率是银行利率的五倍，这显然是不合法的。但小刘急切地想要拿到周转资金，便直接答应了网贷公司的条件。

几个月后，还款期限到了，小刘只愿意支付银行利率四倍的利息，网贷公司将小刘告上法院，法院驳回了网贷公司的请求。因为按照法律规定，民间借贷利率不得超过同期同类贷款利率的四倍，超过部分不受保护。

那么，如果小刘已经按照银行同期同类贷款利率的五倍支付了利息，能将多支付的利息追讨回来吗？同样是不行的。借款方已经支付的利息同样不受法律保护，超出的部分属于赠与部分。

总之，民间借贷融资便利、灵活，符合许多中小企业的融资需要。但是，在融资的过程中，我们一定要着重选择那些信用度好、信任度高，或者彼此熟悉的个人或者企业。毕竟对于双方来说，都需要承担较高的风险。

## 第四节　员工持股计划——融资与股权激励的双赢

企业，尤其是初创企业从银行、投资人手里获得资金的概率是比较小的，于是在流动资金不足的情况下，向内部员工集资也就成为最佳选择。随着经济的发展，员工持股计划作为舶来品，已经成为一种扩大企业资金来源的新形式。其实，我们之前所提到的华为向员工发行股票，便是典型的员工持股计划案例。

员工持股计划与直接向员工借款不同，后者需要在集资期满时支付还本付息的现金（一般来说，这种集资的利息要比同期贷款利率略高），不得以任何借口拒绝支付还本付息现金。而员工持股计划则是员工购买企业部分股票（或股权），成为企业的股东，同时获得企业的部分产权以及相应的管理权，分享企业所产生的红利。

员工持股计划是一种集资方式，解决了企业流动资金短缺的问题，同时也是一种股权激励方式，激励员工以"主人翁"的姿态与企业达成统一战线，积极主动地参与企业的决策、承担风险，并且尽最大努力去提升业绩、创造价值。

员工持股计划的目的是解决融资问题，同时进一步提升股权激励的积极效用。而它的操作原则是让股权向有能力、有责任心的员工倾斜，使企业得到长期健康发展并实现价值增长。关于员工购买股份的资金来源，可以是合法薪酬，也可以是自筹资金。向员工筹资后，企业需要设立员工持股会，统一管理员工股东的出资，同时明确员工持股会的职权，规范员工持股会的组织和行为，设计合理有效的员工持股计划。

关于员工持股会，可以是较为健全的工会组织，也可以借鉴国外的经验，成立员工持股信托，然后将其交给专业的信托机构、基金管理机构来管理。

完美环球娱乐股份有限公司采用员工持股计划，拟筹集资金2亿元人民币，委托长城证券有限责任公司设立长城完美二号定向资产管理计划，管理员工股东的全部出资，同时，长城完美二号定向资产管理计划主要投资的就是完美环球的股票。

在这项计划中，有140名员工参与股份认购，认购公司重大资产重组中非公开发行的股票，拟发行股票金额为2亿元，总计8488964股，其中首期股票金额为1.2亿元，预留部分股票金额为8000万元。同时，本次员工持股计划所持有的股票总数不超过公司股本的10%，单个员工所持有的股票总数不超过公司股本的1%。

本次员工持股计划的存续期为54个月，认购配套融资发行股票的锁定期为36个月。通过实行此项员工持股计划，完美环球购买了完美数字科技与石河子俊扬合计持有的完美世界的100%股权，并且募集了其配套资金，同时改善了企业的管理水平，提高了员工的凝聚力、积极，增强了企业的竞争力。

当然，员工持股计划的激励对象可以是企业高级管理人员、核心技术骨干、核心业务人才等，也可以是所有员工。但是需要注意一个问题，那就是当公司所有权向员工转移时，容易出现股权纠纷。尤其创始人在引入天使投资、风险投资的情况下，如果股权进一步被稀释，可能存在失去控制权的隐患。

同时，如果操作不当，或者跨过底线，有可能出现非法集资的风险。企业如果以即将上市或原始股的名义，向全体员工出售股份，并且声称员工未来可能成为千万富翁，那么就涉嫌从事隐蔽的非法集资。

某企业对内宣传要上市，鼓励员工积极认购股权，并且推行了员工持股计划。选定的激励对象为公司中高层管理者，包括部门总经理、副总经理、经理以及核心技术人员、销售骨干。绝大部分被选定的激励对象都认购了股份，有的认缴金额为50万元，有的为20万元，最少也是10万元。然而，两年过去了，该企业并没有上市，也没有对股东进行分红，同时，当有员工想要离开，准备将认购的股份转让时，企业却以按照协议办理为由拒绝回购，或者强硬要求以极低的价格进行回购。为此，员工手里的股权都成为鸡肋。

由此可以看出，该企业所谓的员工持股计划其实就是一场非法集资骗局。一是员工虽然持有股份，但是已经失去相应权利，得不到分红；二是离开公司后也不能将股份变现（只能以极低的价格出售），损失惨重。企业实行的股权认购行为，看似对员工进行股权激励，实际上是为了白白地占用员工的资金。

可是说，员工持股计划有诸多益处，不仅可以解决企业资金短缺、融资难的问题，同时还极大地发挥了股权激励的作用。但是如果我们不严格按照规范去设计，并且在实操中没有合法、合理地执行，没有制订相应的监管机制，那么就容易出现诸多问题，比如持股不当、股权纠纷、侵吞员工利益等，甚至还可能涉嫌非法集资。

## 第五节　第三方信贷服务平台的各种"套路"

在融资需求方与融资供应方之间，还存在着第三方，即第三方信贷（融资）服务平台。此类服务平台通过提供有价值的信息等增值服务，分别与企业、资金供应方签订合同，促成融资交易的完成，提升融资交易的效率。

在现实中，融资需求方可能是有融资需求的企业，也可能是个人，而融资供应方则包括信贷机构、金融机构以及投资基金机构等。作为独立的第三方信贷服务平台，它相当于一个中介公司，搭建起企业与资金供应方之间的桥梁，一方面它可以接受企业的委托，对资金供应方进行信用审核；另一方面可以为资金供应方提供理财咨询和方案设计，对企业资信以及还款能力进行考察。

平台只负责为借贷双方牵线搭桥，企业并不是向平台借款，而是直接向资金供应方借款，还款与利息也直接归还给对方；同时，资金不进入平台账户，而直接由金融机构或信贷机构划拨到企业账户。在借贷意向达成后，平台往往会协助双方签订合同并办理抵押、公证手续，在借贷关系完成后收取一定的中介服务费用。

通过第三方平台达成的融资，并不是非法集资，也不属于高利贷，其实是一种便利的民间融资方式。第三方信贷（融资）平台的形式也很多样化，有政府搭建的服务机构，也有民间资本参与的服务平台，还有以网络形式出现的服务平台。随着网络金融的兴起，互联网第三方信贷（融资）平台也呈现蓬勃发展的趋势，成为中小企业寻求资金支持的一个重要途径。其中包括B2B平台、P2P平台（已清退）、众筹平台等，它们不仅为中小企业提供了融资新渠道，还帮助企业通过互联网实现了产品、信息以及服务的交换，提升其竞争力。

不过需要注意的是，虽然第三方信贷（融资）平台为我们与资金供应方搭建了一座桥梁，但是在投融资市场日益复杂化的今天，投资机构和融资平台鱼龙混杂，我们需要"擦亮眼睛"，才能找到真正值得信任的平台。

如何对第三方信贷（融资）平台进行筛选呢？主要体现在三方面，如图7-4所示。

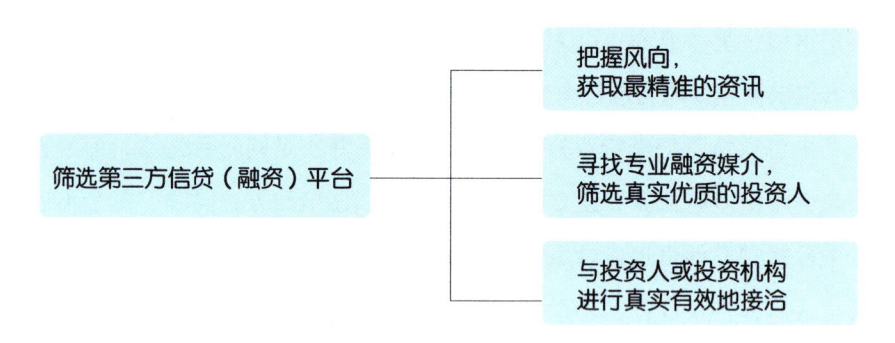

图 7-4　如何筛选第三方（借贷）融资平台

第一，把握风向，获取最精准的资讯。

我们想要顺利地融资，就需要获取最精准的资讯，深入了解融资平台以及投资机构的背景、信用，掌握专业、全面的融资信息，与平台进行对接与沟通。

第二，寻找专业融资媒介，筛选真实优质的投资人。

对于专业的信贷（融资）平台来说，其主要职责是审查投资人的信用，帮助企业借助平台的力量筹集到所需资金，并且有效地规避风险，而不是设下种种"套路"。

我们需要考察平台的信用，确认其在经营过程中是否坚持合理化、规范化、阳光化，是否要求企业经营范围合法；查询平台上的项目和投资人是否都经过评估和认证。

具体来说，我们想要判断平台是否值得信任，还需要看平台获得了几轮融资，并且详细了解其融资的时间、投资方及融资金额等详细信息。看平台是否存在虚假宣传，是否自我投资。一般来说，在国家企业信用信息公示系统中，我们可以查询企业信用以及股东工商信息。看投资方的实力，是否有知名风投机构、国资、银行、上市公司等机构的参与。如果投资人包括君联资本、红杉资本、软银中国、民生银行、联想控股等知名机构，那么其实力便可以信赖。最后看平台融资金额、完成轮数以及投资方在平台的股权占比。如果平台完成B轮融资，并且盈利模式清晰，有较多的用户或潜在用户，在市场上具有一定的知名度，那么其信用度就比较高，平台实力不错，值得信赖。

第三，与投资人或投资机构进行真实有效地接洽。

我们不仅要了解平台中投资人、投资机构的信息，还要与其进行面对面的接洽，了解其对项目的反馈，对其进行进一步了解。

除此之外，我们需要警惕一些平台的"套路"，因为一些平台为了凸显其实力，赢得企业与投资人的信任而进行虚假融资或过度宣传。其中的"套路"包括自己投自己，即平台成立一个空壳公司，然后完成A轮融资，或者利用风投公司提升平台的知名度。另外还有虚假宣传，即夸大融资金额、虚构投资方等，以骗取企业与投资人的信任。

所以说，在接触第三方信贷（融资）平台时，我们需要筛选出优质的平台与投资人，同时识别其"套路"。做到以上三点，才能够顺利地融到资金，最大限度地规避一些风险。

## 第六节　警惕首次公开募股的红线

公开募股，就是企业或股份有限公司向社会公开发行股票，是企业融资的重要方式之一。而首次公开募股具有一定的优势，一般来说，新股上市第一个交易日的涨跌幅限制都是比较高的，所以往往会吸引大量的资金。

但是，为了维持金融秩序，企业必须坚持公开、公平、公正、高效及经济的原则，在发行期间，必须在所有发行网点张贴或以其他形式发布或公告招股说明书和发行公告，当股票发行结束后，必须立即公布发行结果。

首次公开募股与上市是有区别的，它们是一个行为的两个阶段。第一阶段是企业上市，由券商发起，经证监会批准，经过路演、询价等程序，企业首次公开发行股票成功。而到了第二阶段，企业可以申请在证券交易所或报价系统上市，即完成第一次股票公开发行。而从市场来说，两者也是有区别的，首次公开募股由中国证监会审批，是一级市场；而上市由交易所审核，上市是交易，上市后的交易则是二级市场。

简单来说，企业公开发行股票后，资质得到认可，才能要求上市。因此，首次公开募股对于企业来说是非常关键的。企业需重视起来，并且防止触碰五道红线，如图7-5所示。

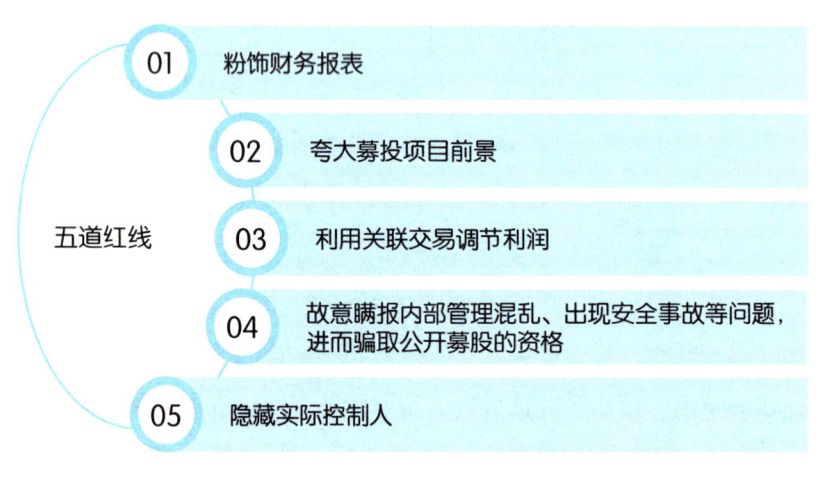

五道红线
01 粉饰财务报表
02 夸大募投项目前景
03 利用关联交易调节利润
04 故意瞒报内部管理混乱、出现安全事故等问题，进而骗取公开募股的资格
05 隐藏实际控制人

图7-5 首次公开募股时企业应防止碰触的五道红线

第一，粉饰财务报表。

根据《公司法》规定，企业连续三年盈利，并且经营业绩比较突出，才能获得证监会的审批，发行股票。于是，一些企业为了早日实现公开募股，得到大笔资金，便想办法粉饰财务报表。比如，粉饰经营业绩，利用推迟确认收入、提前结转成本、使用加速折旧法等方式实现利润最小化，回避企业连年亏损的问题；或者利用应收应付账户、跨期摊提账户和递延账户来调节利润，塑造企业生产经营稳定的假象，以便获取较高的资信等级。

一些企业往往还会粉饰财务状况，从资产和负债入手，即低估负债，或者高估资产。当企业隐藏与关联企业负债，或者有负债而不加以披露时，投资人便会无法精确掌握其负债情况，进而做出错误判断。

无论企业采取哪种方式来粉饰财务报表，都会破坏市场经济秩序，损害投资人的利益。所以，这是一道不可触碰的红线，否则不仅影响企业首次公开募股的成败，相关人员还可能因为财务舞弊而遭受牢狱之灾。

某企业前一个年度前三季度的经营性收入都是负数，且负值有下降趋势，但是第四个季度的经营性收入却直线上升。同时，在同一种报表中，公司的营业收入并没有太大变化。很显然，该企业提供了虚假的财务报表，而目的就是顺利实施首次公开募股。

针对企业的财务报表问题，证监会自然不会批准其公开募股的要求，并且还会对其财务状况进行审查，对负责人的财务违规舞弊行为进行追责。结果是，该企业的融资计划失败，并且因为资信有瑕疵，也影响了之后的融资与发展。

第二，夸大募投项目前景。

夸大募投项目前景，有误导投资者的嫌疑，也是我们应该警惕的一道红线。然而，很多企业为了融资，往往铤而走险，或者虚报市场地位和市场需求，或者虚报产品定价。

松发陶瓷是一家民营企业，主营业务为生产销售日用瓷、精品瓷和陶瓷酒瓶，其中尤以日用瓷占比最大。2015年1月，松发陶瓷首次披露招股说明书，然而却被发现有夸大募投项目前景的嫌疑。经调查发现，该企业拟在上海证券交易所上市，募集资金中将19648万元用于年产2300万件日用陶瓷生产线项目，以实现扩大产能的目的。在招股说明书中，明确提到"项目投产第一年达到设计产能的50%，第二年达到设计能力的80%，第三年达到设计产能的100%。达产后预计每年可实现营业收入32043.00万元，净利润5580.00万元，投资利润率为40.96%，税后内部收益率22.93%"。

按照其经营目标，达产后预计每年可实现营业收入32043.00万元，年产2300万件日用瓷，也就是说每件日用瓷售价达到13.93元，但是在其披露的近年来日用瓷的销售均价来看，其日用瓷的销售均价从来没有达到过13.93元。重要的是，受经济以及白酒行业调整转型的影响，陶瓷行业发展并不乐观，日用瓷的销售呈下降趋势。这意味着松发陶瓷有夸大募投项目前景的嫌疑。

正因为这样，松发陶瓷的首次公开募股之路没能走下去。

第三，利用关联交易调节利润。

利用关联交易来调节利润，主要有以下几种方式：虚构经济业务，抬高企业的经营业绩；以远高于或低于市场价的价格来进行购销活动、资产置换和股权置换；以旱涝保收的方式委托经营或受托经营，抬高企业的经营业绩；在资金往来中调高或调低利息，增加或减少财务费用；虚增管理费，或分摊共同费用，来调节企业的利润。

企业为了调节收入与支出报表，便故意与关联企业、隐藏的关联企业进行不公允的交易，而这样的行为都会将企业排除在首次公开募股的门外。

第四，故意瞒报内部管理混乱、出现安全事故等问题，进而骗取公开募股的资格。

企业对于内部的管理能力，对子公司或者加盟店的管控能力，也会影响企业的竞争力和盈利能力，因此如果这些能力欠缺，投资人便会对企业失去信心与兴趣。于是，企业为了融资成功，便采取隐瞒的方式。然而，隐瞒行为是不可取的，如果出现类似问题，企业必然会被证监会认定为不具备公开募股资格。

第五，隐藏实际控制人。

监管部门出台的《上市公司股东持股变动报告》《上市公司治理准则》等规章制度都要求上市公司在其控股股东或实际控制人发生变化时，必须披露控股股东或实际控制人的详细资料。证监会也要求各上市公司严格披露其实际控制人，以便为社会公众提供更为充分的信息。

比如在实际控制人出现变更时，不进行登记或公示，这都将影响公司能否公开发行股票。因为这可能导致选择"替身"来摆脱债务、转移隐匿资产、制造高负债假象等问题，进而无法保证投资人的利益，甚至对社会造成严重的不良影响。

# 第八章

## 股权投资基金

## ——不一样的"民间"融资

## 第一节　股权投资基金并不是民间借贷

从股权投资基金出现的那天起，关于它的争议就没有停止过。许多人认为，股权投资基金与民间借贷没有明显的区别。也有人认为，股权投资基金有着明显的特点，与民间借贷相似，却不完全一致。

那么，股权投资基金究竟有哪些特点？如何将其与民间借贷区分开来呢？

我们向股权投资基金筹集资金时，筹集对象可以非常广泛。不同的融资方式有不同的对象，而股权投资基金的资金来源非常广泛，可以是机构投资者（包括养老金、证券基金、金融机构、保险机构）、高净值个人，也可以是企事业单位，甚至国家主权基金等。

股权投资基金在投资时，会选择那些具有一定潜力，但还没有上市的企业。这些企业发展势头良好，将来获得丰厚回报的可能性更高。为了确保潜力能够被兑现，在投资时，股权投资基金根据投资金额获取表决权，并参与到项目的运营、管理中来。也就是说，股权投资基金与风险投资类似，不仅可以为我们提供资金，还能在其他方面提供帮助。

在这一点上，股权投资基金与民间借贷有截然不同的表现。因此，这也是我们区分股权投资基金与民间借贷的主要标志。

股权投资基金希望能够挖掘出融资方的全部潜力，提高购买股权的价值，进而获得超额收益。民间借贷则不同，在许多协议当中，投资方并不会承担融资方在运营过程中产生的风险与亏损。在收益方面，不会像股权投资基金一样可以获得超额收益，只要在期限内获得固定收益即可。

投资方作为享有一定权力的股东，自然会与团队当中的其他股东共同进退。民间借贷则不具备这样的特点，所以即使手中持有一定的股权，实际上也是通过收取协议约定的利息获利。融资方在获得民间借贷以后，按照协议，即使入不敷出、亏损严重，也要定期支付利息。这样就有可能损害公司其他股东的利益，与正常行使股东权力的投资方不一样。

股权投资基金与民间借贷在本质上是有区别的，因此签订协议的内容也有区别。股权投资基金需要明确投资期限，但是民间借贷在这个期限之上，往往还有其他附加条件。民间借贷的目的是利息，而不是股权增值之后带来的收益。所以，如果投资期限到了，融资方必须要连本带利偿还所有款项。

除了到期的费用外，转让股权也存在区别。股权投资基金在投资时，股权是有明确股价的，并且在融资后还要办理股权转让。民间借贷投资时对股权的估值含糊不清，也不会办理股权转让。对于民间借贷来说，股权只是另一种形式的抵押物。

如果融资方经营不善，导致股权价值大幅下降，作为抵押物也就没有价值了。为了避免风险，在民间借贷中，除了股权外，还存在其他抵押物，可以是其他人的担保，也可以是财产抵押。投资人必须确保融资方能提供这些抵押，才能保证固定的收益，不会因为股权价值的变动而亏掉本息。

股权投资基金的投资方式与民间借贷有很大区别，与风险投资颇为相似。其实，股权投资基金与风险投资本是同根同源，甚至可以说风险投资就是股权投资基金的一种方式。

但是，股权投资基金倾向于向没有公开上市的潜力企业投资，更倾向于稳定收益，并非高风险、高回报的收益。而风险投资则显得有些极端，大部分投资人倾向于投资那些刚刚起步的种子公司，或者需要高投入的高新科技产业。

可以说，股权投资基金的投资方式与风险投资之间的界线比较模糊，其分界点其实就是股权价值的曲线。

## 第二节　股权投资基金分类

股权投资基金的发展拓宽了我们的融资渠道，同时也使优秀企业可以顺利进行并购和整合，最大程度地发挥出企业管理者的才能以及企业的最大价值。想要向股权投资基金筹集资金，我们需要了解其特征、分类，尽可能做到知己知彼。

股权投资基金分为创业投资基金、并购基金、产业投资基金、证券投资基金等。其中，创业投资基金是向处于创业阶段的成长型企业进行股权投资的基金，而并购基金则是对企业进行财务性并购投资的基金。

创业投资基金的投资方式是通过注资的形式，对企业的增量股权进行投资，进而提高企业所需资金。无论是创业初期、中期还是后期的企业，只要属于未上市成长型企业，那么就有机会得到创业投资基金的青睐。创业投资基金采取的是参股的投资方式，一般不会选择控股，也不使用杠杆。

并购基金的投资方式是通过收购目标企业股权，获得对目标企业的控制权，之后再对企业进行一定的重组改造，持有一定时期后再出售。与创业投资基金不同的是，并购基金倾向于选择成熟的企业，尤其是具有稳定现金流的企业，很少选择已公开发行股票的企业，更不会涉及债权投资。

在国外，并购基金的收益率高，主要体现在融资的杠杆运作上。并购基金通常采用垃圾债券、优先贷款等方式，提高杠杆率，使投资规模和投资收益得到较大的提升。而其投资方式主要包括收购上市公司控股权、参与上市公司私有化、收购非上市公司、为管理层提供资金或融资安排等。

而在国内，并购基金的主要参与者是券商直投、私募股权投资基金和产业资本，其中，券商直投主要针对上市公司的需求发掘并购机会；私募股权投资基金服务于项目，最后实现退出；产业资本则围绕自身上下游产业链布局，联合私募股权投资基金机构发起并购。

另外，我国还具有特有的并购基金，即由政府主导的行业整合、国有企业重组、国企改制等并购交易。

产业投资基金通常是指对具有高增长潜力的未上市企业进行的股权或准股权投资。投资人需要参与企业的经营管理，以便企业发展成熟后通过股权转让来获得收益。

比如，渤海产业基金是我国第一大产业投资基金，于2017年11月以战略投资者的身份，以15亿元收购天津钢管投资控股有限公司持有的天津钢管集团不到20%的股份。

证券投资基金是指通过发售基金份额募集资金形成独立的基金财产，其基金由管理人管理，或者由托管人托管。投资方式是以资产组合的方式进行证券投资。证券投资具有四个特征：其一，它是一种积少成多的整体组合投资方式，资金的运作受到多重监督；其二，它是一种信托投资方式，主要有委托人、受托人及受益人三个关系人，三者需签订信托契约；其三，它是通过专门机构在金融市场上进行投资；其四，它发行的凭证是基金券，投资者通过购买基金券进行投资，获得收益，同时承担投资风险。

按照基金的组织结构来划分，可以将其分为公司型基金、契约型基金及合伙制基金。

另外，目前有很多活跃在市场上的国内外股权投资基金机构，其分类也不尽相同。按照机构的背景，可以分为五类。其一，国内外专门的独立投资基金，如凯雷集团、鼎晖投资、新天域资本、弘毅投资、日赢股权投资基金；其二，大型的多元化金融机构下设的直接投资部，如JP摩根、高盛直接投资部等；其三，中外合资的私募股权投资基金，如弘毅投资、申滨投资、中晋基金等；其四，大型企业下属的投资基金，如通用电气资本、IBM旗下的中国投资基金等专门服务其集团的发展战略和投资结构；其五，券商系的直投管理部，如中信证券、中金公司等，都是我国首批获得券商直投资格的企业。

简言之，虽然股权投资基金以及其机构有很多种，但是只要我们能明确自身需求，了解其基本特征、投资侧重点，就可以有计划且理性地与其接触，进而实现融资目的。

## 第三节 企业如何选择私募股权投资基金？

在中国，股权投资基金通常被称为私募股权投资基金。私募股权投资基金是从事私人股权（非上市公司股权）投资的基金，主要包括投资非上市公司股权或上市公司非公开交易股权两种。私募股权投资基金追求的不是股权收益，而是通过上市、管理层收购和并购等股权转让路径出售股权而获利。

截至2021年12月底，我国存续私募基金管理人24610家，管理基金规模19.76万亿元。

在资金筹集上，主要是通过非公开方式面向少数机构投资者或合格投资人进行募集。因为在投资方式上，它是以私募形式进行的，所以很少涉及公开市场的操作。对于企业来说，如果融资金额在百万元人民币级别，那么也就没有必要花精力来寻求股权基金的投资。而对于投资者来说，为了降低投资风险、发掘融资方的最大潜力，对于项目的甄选是非常严格的。

那么，企业如何选择好的私募股权投资基金，又应该在什么阶段进行私募股权融资呢？

绝大多数企业与私募股权投资基金接洽都是通过中介机构、财务顾问、投行券商以及基金投资经理的推介，极少数企业向基金毛遂自荐进而获得成功。实际上，只要企业效益好、信誉高，有发展潜力，且有私募意愿，股权基金往往会主动通过各种渠道来与企业进行接洽。

2004年年底，哈药集团出售了55%的股权，而投资者为美国华平投资集团等机构，实现了企业与国际并购基金的合作。同时，国内大型企业也开始对海外企业进行并购，联想集团以12.5亿美元高价并购IBM的PC部门之后，便有三家私募股权投资基金向联想集团注资3.5亿美元。

与基金接洽时，我们需要考察四点，确认其是否更适合自己。其一，我们需要考察投资人的背景，是A股上市公司还是海外上市公司，是老牌人民币基金、美元基金还是新锐基金；其二，了解基金对赛道的侧重点，是否投资过同领域的企业，是否投资过与自己存在竞争关系的企业；其三，了解投资人的投资额度区间与投资项目的估值区间；其四，了解投资人背后的资源，是否具有雄厚的资源背景。

通过了解与考察，我们便可以明确某个基金机构是否与自己的需求相匹配，包括理念是否相合，投资金额是否能满足我们的需求，背后资源是否能支持我们有较大跨度的发展。

当然，并不是企业想要进行私募股权融资就能实现，也不是企业想要多少投资就能融资多少。与其他融资方式相比，股权投资资金的投资金额比较高，一般来说，对1000万美元以上的项目，私募交易投资人更感兴趣，并且竞争非常激烈。所以，如果企业需要的融资金额比较低，那么就没有必要选择私募交易，而可以选择银行贷款、风投等方式。

同时，我们还需要考虑企业的规模、利润、综合竞争力等因素。如果是制造业企业，年利润达到1000万元人民币以后，可以进行首轮股权融资；而服务型企业处于成长阶段，在同领域具有较强竞争力，其企业规模达到100人左右，可以进行首轮股权融资。如果企业只是处于初创时期，且利润不高，那么并不适合进行私募股权融资。一方面，基金往往因为交易金额比较低而没有太大的投资兴趣；另一方面，即使投资人有兴趣，融资时企业的估值也可能不高，进而影响融资效果。

也就是说，企业的估值是私募股权融资的核心，估值确定之后，我们与投资人的占股比例就可以根据估值来进行推算。所以，如果企业估值比较低，那么企业创始人、股东的身价也随之变低，在之后的融资过程中，投资人便不能对股份的价值进行客观评估，进而导致融资受到一定程度的影响。

如家，原本是一家名不见经传的中小企业，就是因为在适宜的时机选择了私募股权融资，才发展成为我国知名的经济型连锁酒店，并成为中国酒店业海外上市第一股。

2002年6月，如家成立，由携程与中国实力最雄厚的酒店集团首旅集团共同出资，注册资本1000万元。尽管双方达成合作，但是企业自有资金对于企业的发展需求来说只是杯水车薪，所以在成立之初，如家便计划进行私募股权融资。

2003年年初，如家进行第一轮私募股权融资，投资方是三家外资风险投资公司，分别是IDG、SIG以及美国梧桐投资公司。之后，如家得到快速发展，而想要实现快速扩张，就需要有雄厚的资金支持。于是，如家开始引入私募股权投资资金，其中包括Asinstar IT基金、Poly Victory投资公司等，经过三轮私募股权融资，如家迅速扩张，其业务扩展至全国，从最初的上海、北京等一线大城市逐渐延伸至其他二、三线城市。从酒店数量来看，如家的发展也非常迅猛，2003年只有10家酒店，而到了2006年6月30日（上市前），酒店数量已经达到82家，覆盖全国26个城市。

如家之所以在成立之初便计划进行私募股权融资，是因为其背景强大（有经济实力强大的携程与首旅集团支持），同时，还具有非常大的发展潜力，融资需求非常大。而这些因素，也使它受到了投资基金的青睐，最终成功完成融资。

总的来说，企业进行私募股权融资后，发展往往会实现非常大的跨越，对于中小企业来说更是如此，所以很多企业非常希望得到私募投资。但是，我们还应该从自身情况出发，选择好的投资基金融资，在恰当的时间进行融资。

## 第四节　股权设计的核心问题

当投资人投资之后，企业股权便会发生变更，股东也发生变化，进而影响创始人或创始股东的管理、决策以及控制权。也就是说，我们在融资前乃至成立公司之初便应该规划好股权设计，确保在之后的控制权博弈中处于优势地位。即使因为多轮融资，股权被不断稀释，也不会丧失控制权。同时，在融资的过程中我们可以让股权发挥最大价值，获得更多的融资。

对于股权设计，我们需要把握三个核心问题，即决策机制问题，股权价值认定问题以及交易方股权结构底线问题，如图8-1所示。

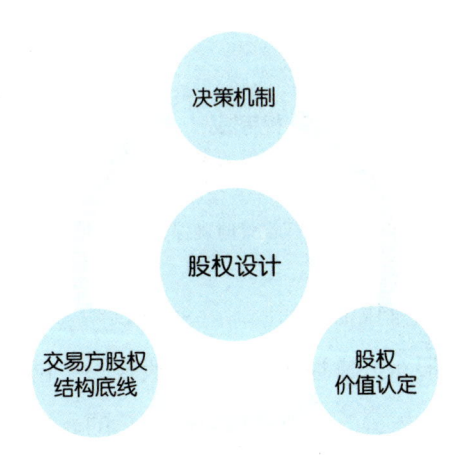

图 8-1　股权设计的三个核心问题

第一，决策机制问题。

决策机制是指企业在享有充分的法人财产权的情况下，对生产、经营等经济活动做出抉择的机制。这种机制主要包括决策主体的确立、决策权划分、决策组织以及决策方式等。

对于企业来说，决策主体可以是个人，如创始人、大股东，也可以是组织，如股东会、董事会。融资前，我们需要对决策机制有所了解，清楚股东会、董事会的职权等相关问题，在投资人投资前成立董事会，在公司章程中明确董事会的议事规则，否则投资人投资后会要求设立董事会，并且委派人员进入董事会，甚至要求一票否决权。这样一来，在之后的决策中我们可能被限制，甚至因为这一票否决权而处于劣势。

在股权设计时，我们必须确保自己具有控制权，可以从两方面着手，如图8-2所示。

```
通过股权比例控制  01  →  企业控制权  →  02  设置股权结构
```

图 8-2　在股权设计时确保控制权的方法

（1）通过股权比例控制。

我们要成为大股东，掌握比例较高的股权，在创业初期就要合理设计股权结构，避免五五分、三三三分。而股东的表决权是通过实际股份来决定的，占有多少股份就可以行使多少表决权。因此，创始人要持有公司至少51%的股权，最好持有股权超过三分之二，即达到67%，这样一来才能完全掌握表决权。如果某企业创始人持有67%的股份，那么就具有对企业经营管理的绝对控制权，对于所有重大事项均有一票通过权，还可以修改公司章程来分立、合并、变更主营项目。如果股东大会做出决议，那么必须经出席会议的股东所持表决权过半数才能通过。如果股东大会做出修改公司章程、增加或者减少注册资本，以及公司合并、分立、解散或者变更公司形式的决议，那么必须经出席会议股东所持表决权的三分之二以上都通过，公司的章程中有明确规定的除外，比如创始人有一票否决权等。

如果股权被稀释不可避免，创始人不再掌握多数比例股权，那么我们就需要使用投票权委托与一致行动人协议，把投票权集中到自己身上。

某企业股东持股只有18.8%，但是11家投资人将其投票权委托给他，这意味着他掌控了企业51.2%的投票权。而一致行动人就是通过协议约定，某些股东就特定事项投票表决采取一致行动。如果意见不一致，这些股东需要跟随一致行动人投票,进而加大后者的投票权权重。

(2)设置股权结构。

设置股权结构是指通过设立AB股权结构来掌握控制权。AB股指的是同股不同权,创始人所持股份比例很低,但表决权比例却很高。事实上,很多企业都实行AB股权结构,如京东、阿里巴巴、百度、盛大游戏等。

刘强东在京东的股份只有15.5%,但是手中的1股相当于20股的投票权,这意味着他掌握了京东79.5%的话语权。而投资方腾讯持有京东18%的股权,只有4.4%的投票权;沃尔玛持有京东10.1%的股权,却只有2.5%的投票权。刘强东股权被稀释,但是仍掌握京东的控制权。

所以,现在双层股权结构被广泛应用,也成为较为合理的股权设计方案。双层股权结构把股东之间的现金流量权和投票权区分开来,保证了创始股东和高层管理的控制权,同时也大大提升了企业的财务杠杆效率,使企业能更高效地使用资金。

第二,股权价值认定问题。

估值,是我们融资的前提,所以我们需要重视让出股权的价值,也就是"市值"——公司股票的市场价格。通常我们使用收益现值法、成本法、市价法来计算公司的市值。其中,收益现值法是国际公认的评估股权价值方法,即根据被评估资产的预期收益与适当的折现率,计算出资产的现值,然后评估股权价值。

同时,我们需要确定在换取资金时需要释放出多少股权,这主要由六个因素来决定,如图8-3所示。

图 8-3　决定股权换取资金的六个因素

（1）现金。现金是初创企业最具有价值、最具体的估值要素。

（2）股权。投资人更关注两点，即退出时的股权价值，以及可以获得的收益率。我们需要着眼于股权设计、股权架构是否合理，投资方是否有权参与分享优先股，并且找出其中的平衡点——既不丧失公司控制权，又能获得更多资金。

（3）劳务。劳务指的是企业提供的服务是否是全新的，是否填补了市场空白。

（4）技术。对于初创企业来说，业绩比较少，市场占有率比较低，这个时候就需要考察技术是否先进或者独一无二，可以使公司发挥出巨大的潜力。

（5）资源。在与投资方接触时，我们需要考虑其资金实力，也需要关注其资源是否丰富。如果我们的项目有资源方面的需求，就需要适当降低估值。

（6）知识产权。知识产权不仅指技术专利，还包括公司的名称、商标等。知识产权也可以影响投资方对企业价值的评估，所以我们需要认识到知识产权的重要性,尤其是初创企业,把它视为企业的重要资产,提升其价值,保护其安全。

第三,交易方股权结构底线问题。

在进行融资谈判时,我们需要与投资方进行博弈,找到股权结构的平衡点。我们需要从交易方的股权底线及期望出发,考虑股权结构可能发生的变化,并且明确股权退出机制。在进行融资前需要考虑股东人数,最好不超过五人,因为人数越多,股权越分散。在设计股权激励时,最好利用虚拟股票,这种股票不涉及表决权和剩余分配权,只有分红权以及部分增值收益,既可以起到激励作用,又不会影响企业的决策。另外必须明确股东退出机制,提前约定股东,尤其是合伙人退出时,应由创始人、大股东回购其手中的股份。

如果投资方有对赌意愿,而我们也对项目前景有足够的信心,可以接受这一形式。但是我们不能过于自信,或者过分夸大、美化企业的状况,以求获得高估值。这都是非常危险的行为,很可能导致失败。如果我们不了解股权融资对赌,在博弈中处于劣势地位,那就要善于寻求外部的帮助。在对赌时,我们还需要充分考虑经营风险,而不是只顾眼前利益。

最后,在股权交易中可能出现延期给予、延期回购的情况,这需要在协议中明确规定,避免之后出现纠纷。

## 第五节 谈判有重点，成功率才能大大提升

企业有机会接触私募股权投资基金，而对方也有投资的意向，那么接下来便是针对诸多问题的沟通与谈判。在这个过程中，双方都力求争取利益最大化。可事实上，尽管有很多企业愿意与投资基金接洽，但最终谈判成功的交易不到30%。

谈判失败的原因有很多，但是常见的原因有四个，如图8-4所示。

融资谈判失败

01 企业负责人过于感性，不能客观地对企业的内在估值做出判断

02 融资时机不对，企业经营出现严重问题

03 企业的技术太高深、过于先进

04 如果企业所处行业有政策风险，或者商业模式太复杂，往往也容易导致融资失败

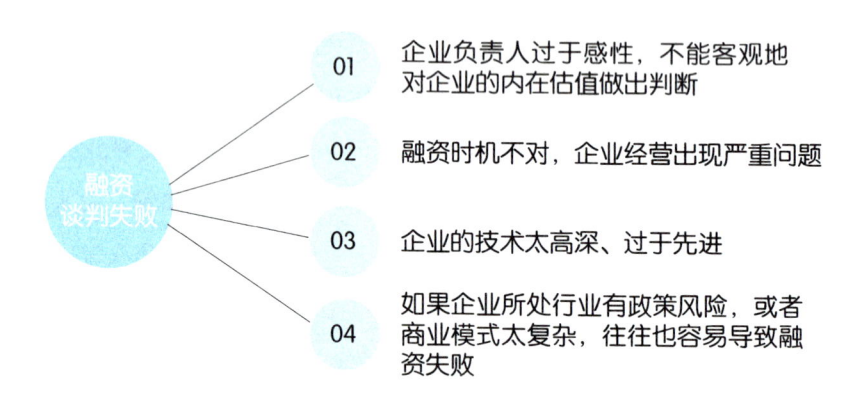

图 8-4 融资谈判失败的原因

第一，企业负责人过于感性，不能客观地对企业的内在估值做出判断。

企业负责人，尤其是创始人，认定企业承载着他的理想、抱负、成

就，他认为自己的企业很伟大。于是，为了证明个人的成就与企业的伟大，企业负责人常常会过高地判断企业的估值。而投资者，则会严格按照价值规律来对企业进行估值，尤其经历了金融风暴、全球新冠肺炎疫情之后，更倾向于比较低的估值。这样一来，双方就会在企业价值判断上产生分歧，谈判很可能破裂。

第二，融资时机不对，企业经营出现严重问题。

事实上，很多企业在经营状况良好、利润节节攀升时并没有抓住时机融资，等到经营状况由盛转衰，甚至急需一大笔资金来"续命"时才想到融资，结果只能是失败。我们要明白，投资者的目的是赚钱，获得最大收益。因此，如果企业不能带来收益，甚至经营出现严重问题，那么投资方肯定会敬而远之。没有任何投资人愿意冒大风险去做"赔本买卖"。

另外，企业如果想要进入新行业或者新领域，也不是融资的好时机。隔行如隔山，进入从来没有接触过的新领域，任何人都不能保证成功，如果这种做法属于心血来潮，那么结果更糟糕。即使企业在原来的领域中已经取得成功，恐怕也难以说服投资者进行投资。

第三，企业的技术太高深、过于先进。

投资基金倾向于从市场竞争中脱颖而出的业务简单的企业，如果企业的技术太高深、过于先进，国内没有多少人能明白，恐怕投资者也很难下定决心投资。而且高新技术市场风险非常高，市场的不确定性也会带来收益与损失的不确定性，因此投资基金往往会规避此类企业。

第四，如果企业所处行业有政策风险，或者商业模式太复杂，往往也容易导致融资失败。

当然，在谈判过程中，出现分歧是常有的事情，被投资者拒绝也是不可避免的。因此，企业在确定私募股权融资后，在与投资基金进行谈判时，需要掌握一些重点策略。

基于以上四个失败原因，我们有五点建议，如图8-5所示。

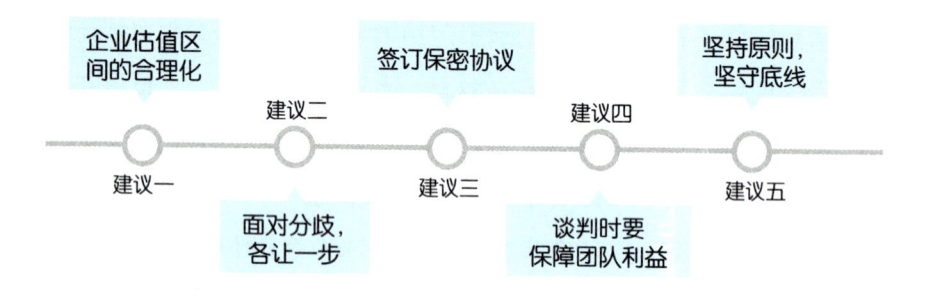

图 8-5　融资谈判的五点建议

第一，企业估值区间的合理化。

对于企业的估值，企业负责人不能太感情化，想当然地过高估值。

其实，不同行业、不同发展阶段的企业，估值方法也是不同的。比如，处于成长期且盈利的企业，要按照市场参考的市盈率，再辅以其他方法进行综合估值；而拥有较大资产的金融类企业则可以利用市价账面值倍数系数来进行估值。需要注意的是，忽略估值的科学性，一味寻求高估值，只能让融资止步于第一步。

第二，面对分歧，各让一步。

有分歧，就有解决的办法。在双方都能接受的情况下，各让一步，实现"双赢"的局面，那么谈判成功的概率便会大大提升。

某初创企业发展迅速，短短半年的时间，企业"市值"就由100万元人民币增长到1亿元人民币，而且团队潜力非常大。这样一来，任何投资人都会锁定团队，要求保证团队的稳定性，在未来几年内可以全力为企业做贡献。所以，投资人按照惯例将创始人的股权设置行权计划，即创始人在行权计划未满前离开企业，便丧失剩余的部分股权。也就是说，在行权计划条款下，创业团队作为企业股东，拥有一切相关权利，但是并非一次性获得其股份，而是按照计划分几年获得。如果提前离开，未行权的股份就要留在公司。

在谈判过程中，团队与投资人发生了分歧，然而分歧并不大——投资人想要留住团队，行权计划是他们的底线；企业急需资金，但是认为条件有些苛刻。于是双方都做出了让步——保留行权计划，但是缩短行权计划的时间，谈判最终成功。

第三，签订保密协议。

一般来说，企业与投资人接洽一两轮后，往往被要求签订保密协议，进一步明确保密要求。虽然这说明投资人认可项目的可行性，但是我们需要注意三点。其一，保密材料的保密期限一般至少在三年以上；其二，凡是企业提交的标明"商业秘密"字样的企业文件，都应当进入保密范围；其三，保密人员的范围应该扩大到基金顾问、聘请的律师以及关联企业等。

正确签订保密协议，企业才能保护自己的权利，做好风险防范工作。所以，我们要相信投资人，但是也不能把商业机密全盘托出，忽略签订保密协议，否则就会失去核心竞争力。

第四，谈判时要保障团队利益。

投资人在退出时往往会考虑行使跟卖权，尤其是出售股份时希望其他股东也出售一部分股份。在这种情况下，创业团队的利益可能会受到损害。所以，与投资人谈判时我们需要提出合理方案，在保障投资人跟卖权的同时，保护创业团队的利益，做到即使出售一部分股份，也能获得最高的回报。

第五，坚持原则，坚守底线。

当企业经营遇到困难或者现金流出现问题时，也是企业最需要资金的时候。我们不能因为缺少资金而不再坚持原则，如果出让股权比例过高，反而无法得到投资人的欣赏，还可能被一些不怀好意的投资人钻空子。

## 第六节 "PE+上市公司"模式，是馅饼还是陷阱？

"PE+上市公司"模式是指私募股权投资基金认购上市公司股份，充当普通合伙人与上市公司或上市公司大股东共同设立并购基金。在这种模式下，并购基金作为上市公司产业整合的主体，通过投资、并购、整合等业务推动上市公司的战略布局，提升上市公司的业务层次、竞争力以及行业地位。同时，在投资项目时，以上市公司并购作为退出的主要渠道。

对于上市公司来说，通过并购基金放大了自身的投资能力和锁定潜在并购对象的能力，最大限度地提高了并购效率与资金使用效率。同时，PE在挑选项目、设计交易架构、掌握并购流程等方面都具有非常强的专业性，能够提升资金使用的安全性。对于PE来说，可以借助上市公司的经验，提升对于项目质量的判断。同时，还可以借助上市公司专业团队的管理和运作，提升投资效益。另外，在投资之初，PE就已经锁定上市公司作为退出渠道，一旦项目达到一定的盈利能力后，就将项目卖给上市公司，大大提升了退出的安全性。

当然以上都是针对投资方来说的，对于有融资需求的企业来说，一旦向"PE+上市公司"模式的并购基金融资成功，便可以充分借助资本市场，将企业在短时间内做大、做强。当企业接受并购与兼并时，可以借助上市公司的强大优势为自己带来规模经济效应与市场主导效应，向着更新、更大的领域迈进，进而使得经济效益与企业竞争力有重大突破。

可以说，从某种程度来看，采取向"PE+上市公司"并购基金融资的方式，可以实现企业与投资方双赢的良好局面。因此，很多企业把这种模式当作重大利好，急切寻求与其合作的机会。不仅如此，一些上市公司也满怀热情地与私募股权投资基金牵手，使以"PE+上市公司"模式为主设立的产业基金、并购基金一度呈现"井喷"状态。

2011年9月，硅谷天堂与大康牧业合作，成立产业基金，帮助后者在产业布局、外延扩张等方面实现了迅速发展。随后硅谷天堂又复制了"PE+上市公司"这一模式，先后与广宇集团、京新药业等上市公司合作成立产业基金。2015年5月，晨晖盛景与拓尔思、通光线缆、网宿科技、东方网力、众信旅游等上市公司共同设立并购基金。该基金的投资方向为科技、媒体、通信、大消费及创新升级传统产业的股权投资，以及与上市公司升级转型相关的并购重组（包括协作收购、杠杆收购以及参股投资）。同年5月，罗莱家纺子公司及其控股子公司南通德臻与加华裕丰，以及自然人迟亮、顾锦生、王嘉来共同成立南通罗华产业投资基金。

然而，随着"PE+上市公司"模式在资本市场上被炒热，一大批"僵尸基金"开始出现。所谓"僵尸基金"，指的是那些被套牢的投资人的资金，以及成立以来从未进行过投资的基金。之所以会出现这种情况，是因为其核心问题在于基金管理的运作机制设计不成熟，私募股权投资基金机构与上市公司双方存在着冲突，尤其是利益方面的冲突。在基金管理方面，双方的责任分工比较模糊，同时对于上市公司来说，最重要、最迫切的需求是产业转型，而对于基金机构来说，更关注自身的短期利益，以及退出时是否能获得最大回报。

因为矛盾与冲突的存在，私募股权投资基金机构与上市公司的合作并没有最初预想得那么好，基金运作陷入了"毫无进展"的尴尬境地，甚至名存实亡。即使有国外知名投资基金机构介入的基金，也并没有实现良好的发展。硅谷天堂与大康牧业共同成立的产业基金，开创了"PE+上市公司"模式的先河，然而只过了几个月时间，双方便因为合作未达预期而对簿公堂。

所以，"PE+上市公司"模式看似美好，其实也可能是陷阱。首先，基金本身存在着问题，合作方之间有矛盾，导致基金运作没有进展，又何谈投资与并购呢？其次，一些并购基金的成立根本没有良好的规划，只是为了跟风进入资本市场而已。这样一来，自然也就没有对后续基金运作进行规划、对项目进行管理的能力。

更为重要的是，一些产业基金、并购基金并非真想投资，而是借助设立基金来提升股价，维护或提升上市公司的市值。他们不关心项目的发展，更不会帮助企业梳理战略规划，只是想利用项目来炒作题材、博弈股价。还有一些基金，只是多了一个个合作的利益相关方，目的是通过操纵股价或进行资本运作来推高目标企业的市值。

因此，与"PE+上市公司"模式基金接触时，我们需要谨慎小心，不要被所谓的"馅饼"吸引，进而掉入陷阱中。我们需要仔细考察，确认它不是"僵尸基金"，远离仅靠几个单一项目作为起点来设立产业并购基金的机构；考察其运作模式是什么，背后的私募股权投资基金机构与上市公司的背景是什么，双方是否存在利益博弈及冲突；同时，如果发现基金的介入者众多，其背后的资金链条相对复杂，那么最好远离。

针对上市公司，我们在考虑这种模式时也需要注意三个问题。其一，当上市公司要对我们实施"控制"时，上市公司应在收购完成后介入企业的经营管理；其二，要考察是否存在上市公司实际控制人侵害其公司利益的问题；其三，要考察是否有上市公司与并购基金交叉持股的现象。